JN007145

誰のため？
何のため？

山出貴宏 著

介護職が知っておきたい
「ほんとうの自立支援」がわかる本

中央法規

はじめに

介護の現場で、「自立支援」という言葉をよく耳にします。でも、「それって本当に自立支援なの？」「できているからやってもらう？」「今の生活を考えているだけ？」と思う場面をたくさん見てきました。本書では、そういう気になる場面をマンガや事例で紹介し、そのかかわりのどこが気になるのか、どうすればよかったのかを解説しています。とはいえ、私自身もこの考えに到達し、それを人に伝えられるようになるまで、さまざまな経験をしてきました。というわけで、ここで少し私の経歴をご紹介させていただければと思います。

医療ソーシャルワークを学んだ後、建築業界に就職しバリアフリー改修に携わったとき、ケアマネジャーとの打ち合わせで「誰のため・何のため」の工事なのか疑問に感じました。そこで「介護」を知ろうと、25歳で介護業界に転職。訪問入浴、特別養護老人ホームで約10年間働いてきました。

この間、多くの職員が「人間関係や介護のあり方」で辞めていきました。実際、私も介護のあり方に大きな疑問を抱えていました。時間内に業務が終わるように、また、ケガをしないようにと上げ膳下げ膳のかかわり、「できるのだからやってもらえばいい」という視点の「自立支援」、望ましくない介護技術でのかかわり。その結果、生活がしづらくなり苦しむ利用者を見てきました。職員も日々頑張っているのはわかります。しかし、利用者の生活がしづらくなっても、自分たちのかかわり方に疑問を抱かず「認知症だから」「障害があるから」「拘縮しているから」などを理由に、「症状が進んで業務が増えて大変」と口にする状況に腹立たしさを感じました。

本当にこれでいいのか…介護はこういう仕事なのか…という疑問から、認知症や介護技術についてより学びましたが、ほとんどが介護職の負担を軽減する方法で、私が求めた介護技術をもとに利用者の負担が軽減し、有する能力を引き出せるものではありませんでした。そんなある日、理学療法士の田中義行氏との出会いが私の転機となりました。そこから、利用者の負担を軽減する技術を学び、介護従事者としてのかかわり方、介護事業所がどうあるべきかについて考え、「生活」への視点の重要性を知ったのです。

かかわり方ひとつで、目の前の人の「生活」は変わってしまいます。技術を知れば知るほど、「じりつ（自立・自律）支援」でのかかわりに違和感を持つようになりました。「今できているからやってもらう」は、その場だけのかかわりでしかない。生活は「今だけではなく未来につながっている」のだから、「今がよければいい」では絶対にいけない。その思いが私を行動に移しました。しかし、それを面白くないと感じる人もいます。利用者の状態を悪くしていることに目を向けようともしない、「業務優先・職員本位の介護」を変えられたくない人が一定数いることで「こんな仕事はこれ以上したくない」と介護が嫌になりました。

当時担当していた利用者に、介護の仕事を辞めると伝えたとき、「ここは辞めてもいいけど、介護はやめないで。私たちみたいな思いの人をつくらないで」と言われ、その言葉で、利用者が生活を続けられる事業所を自分で創ろうと決心しました。

独立後も、田中義行氏の研修に参加し、そこでの学びを実践していくなかで、「生活の営み」を継続するかかわりの重要性を日々感じています。「できるから・できているから」の自立支援ではなく、「生活の営み」の継続に向けた「じりつ支援」を考えることが重要なのだと思います。この本を読んで、一人でも多くの人が現場での「自立支援」を見直し、利用者の「生活の営み」に目を向けてくれることを願います。

2023年8月　山出貴宏

もくじ

第2章

「思い込み自立支援」を「本来の自立支援」へ見直すヒント

第3章
事例で学ぶ「本来の自立支援」の実践

成功事例

反省事例

第1章

自立支援を考えよう

1 これって本当に「自立支援」?

本人に任せっきりでいいの？

ほかのことをしている人に、それを中断してでも「やらなくちゃ」と思わせちゃダメでしょ。これじゃ、「無理にやらせてる」だけだよ…。しかも介護職どこに行った？「できるからやってもらえばいい」の考えになっていて、利用者さんに「ただやらせているだけ」だよ。「任せてる」なんて職員の都合のいい思い込みだな。
ブツブツ
ブツブツ…
…
数日後
また今日も食器拭きをしているな…。
あれ?
ペチャクチャ
今日の飲み会何人くるの?
えっとねー
普段から、利用者さんに自分たちの行動を見られてるのがわかってないな…。
ブツブツ…

気になるポイント!

- 利用者がほかのことに集中しているのに、職員のタイミングで作業を押しつけている。
- 利用者の「できる」=「やりたいこと」ではない。
- 利用者の表情や気持ちに気づいていない。
- 「できることだから」という思い込みで、利用者に任せきりになっている。
- 食器拭きをしてもらう目的が本来の目的と異なっている。
- 利用者に作業をさせて、自分は雑談をしている。
- 職員同士の会話が利用者に聞こえていることに気づいていない

介護職の都合を優先してる!?

……
時間があるときや、自分がやることがあって忙しいときはBさんにやってもらっているのに、「はじめるのが遅いから」って理由で職員が全部やったらBさんはどう思うのか考えてないな…。
「時間通りにやらないといけないのかな？」とか「今まで遅くて迷惑かけていたのかな？」とかネガティブな感情になってしまう。なんで、一連の作業を自分からやってくれるのに、職員がやっちゃうかな…。その作業をやる時間、終わらせる時間を決めているのは職員側でBさんのペースじゃない。「ありがとう」って言葉だけ聞いて喜んでるけど、Bさんの表情や気持ち、生活に向きあってないよ…。
ブツブツ
また！
ん…
数日後
Bさんのお風呂の時間まで、まだ30分あるな。どうしようかな…。
なんでやねん！
Bさん、指の運動に一緒に折り紙で鶴折ろ～！
いいですよ。

気になるポイント!

- 「親しみ」と「馴れ馴れしい」を勘違いして、言葉遣いが「馴れ合い」になっている。
- 「助けてあげている」といった上から目線になっている。
- 利用者が自らやろうと思っていることを、職員側の都合で時間を管理している
- 言葉だけの判断で、利用者の表情や気持ち、生活を知ろうとしていない。
- 自立していること・選んでいることを奪ってしまっている。
- 職員の時間つぶしに利用者を付き合わせているだけになっている。

確かに、「親しみ」と「馴れ馴れしさ」は違いますよね。
「馴れ馴れしい」っていうのは遠慮がないというか、特に目上の人に対しては、よくない印象を持たれそうですよね。
そうなんだよ…。
「利用者さんがこの言葉遣いを望んだから」って言う人もいるけど、だったら利用者さんが「最後まで折りたい」って言ってることもしっかり受け止めないといけないよね。
でも、お風呂の時間が決まっている場合もあるし、難しいですね。
お風呂の順番を変えるっていう方法もあるよ！もしBさんが強く「折り紙をしたい」って主張すると、「入浴拒否」って言われることがあるからね…。
気をつけないと！
職員の都合で行動を押しつけてるのに、「それを選ばなかった＝拒否」としてしまうことは、利用者さんの尊厳や自立からかけ離れてしまってるんだよ。
ハイ……

そのレク、本当に楽しめてるの？

この程度で褒めるってことは、Bさんはこの問題を解けないと思ってるの？明らかにBさんのプライドを傷つけてる…。本当にこの脳トレは全員がやりたいのかな。ほとんどの人が楽しそうに見えないし…。「やりたいと思える取り組み」を考えないと…。
数日後…
この前の脳トレ、盛り上がりましたね！
そう？ あなたが盛り上がってただけに感じるけど…。
でも脳を活用しているわけだし、Eさんは楽しんでいたからレクとしては間違ってないですよね？
Eさんだけね…。
でもさ、「5－2＝3ですね！正解です！すごいですね～」って、将来自分が高齢者になったときに同じことをやりたいかって聞かれたら。
う～ん。まぁ、私だったらやりたくないかな…。違うことやりたい！
でしょ！
自分がそう思うんなら、もっと楽しいレクや脳トレの在り方を考えなきゃ！
そうですね…。楽しくてやりがいがあって…やりたいことを選べて…生活動作にもつながること…。

気になるポイント！

- 職員だけが盛り上がっている。
- 利用者も楽しんでいると思い込んでいる。
- レクの内容が、その人に合ったものになっていない。
- 「自分だったらやらない」というレクを利用者にしてもらっている。
- レク＝○○、脳トレ＝○○と職員が用意してしまっている。
- やりたいと思う人は問題ないが、全員が同じことを一緒にやる必要があるのか。
- 生活を営むことにつながっておらず、ただやっているだけになっている。

2 「自立支援」ってなんだろう？

① 介護保険から考える自立支援

介護は、介護保険法のもとに成り立っている仕事です。皆さんは、介護保険法の条文を見たことがありますか。第１条に法律の目的が書かれているので、自分の仕事を理解するためにも、見ておきましょう。

表1　介護保険法の目的（第1条）

この法律は、加齢に伴って生ずる心身の変化に起因する疾病等により要介護状態となり、入浴、排せつ、食事等の介護、機能訓練並びに看護及び療養上の管理その他の医療を要する者等について、これらの者が尊厳を保持し、その有する能力に応じ自立した日常生活を営むことができるよう、必要な保健医療サービス及び福祉サービスに係る給付を行うため、国民の共同連帯の理念に基づき介護保険制度を設け、その行う保険給付等に関して必要な事項を定め、もって国民の保健医療の向上及び福祉の増進を図ることを目的とする。

介護は、介護を必要としている人たちが、「有する能力に応じ自立した日常生活を営むことができる」ように支援する仕事です。介護保険法の条文を見て、「その人ができることをしてもらいながら（持っている能力を使いながら）、生活できるように支援することが自立支援」「介護の本質は自立支援」と考える人が多いのではないでしょうか。

しかし、介護を必要としている人たち、つまり条文にある「加齢に伴って生ずる心身の変化に起因する疾病等により要介護状態となり、入浴、排せつ、食事等の介護、機能訓練並びに看護及び療養上の管理その他の医療を要する者等」という部分についても考えてみてください。

表2　**介護保険の対象者とは?**

「加齢に伴って生ずる心身の変化に起因する疾病等により要介護状態となり、入浴、排せつ、食事等の介護、機能訓練並びに看護及び療養上の管理その他の医療を要する者等」

具体的には…

加齢により身体機能が低下している人
認知症がある人
麻痺や拘縮がある人　など

介護職のなかには、「加齢により身体機能が低下している人」と「認知症がある人」「麻痺や拘縮がある人」を一括りにしている人がいます。利用者はそれぞれ状態が異なるので、「できることはやってもらおう」という考え方のもと、全員に同じかかわり方をすると、状態が悪化してしまう人がいるかもしれません。その人それぞれに合ったかかわり方で、その人が「日常生活を営む」ことができるよう支援していくことが大切です。

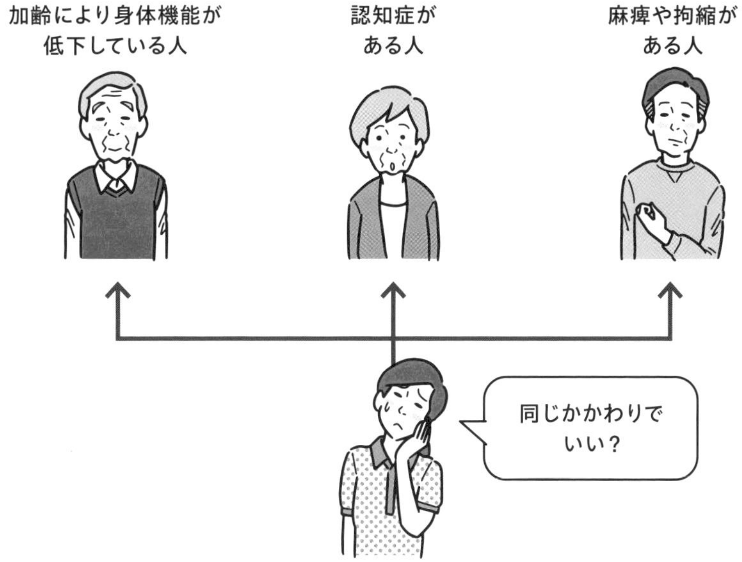

② 生活のなかで「適切に」力を発揮できるように支援する

我々がふだん接している利用者（介護認定を受けている人）に対する自立支援は、「有する能力を適切に発揮し、可能な限り生活を営んでいくこと」だと思います。しかし、介護の現場では「有する能力を最大限に発揮し、生活不活性にならないように、生活不活性から生活不活発病・廃用症候群にならないように予防していくこと」を自立支援と考えていることが多いように感じます。

実は私自身も、介護の仕事をはじめた頃は、「有する能力を最大限に発揮してもらうことが自立支援」だと思っていました。そこで、利用者にはできることをやってもらっていたのですが、自立支援を行っているはずなのに、目の前の利用者は自立どころか症状が進行し、できないことが増え、廃用症候群へと向かうことが多くありました。

なぜそうなってしまうのか疑問に感じ、さまざまな研修や勉強会に参加しました。そのなかで、利用者の「有する能力」だけでなく「潜在している能力（もともと持っているのに発揮しにくい力、使っていないことで失いかけている力）」にも目を向けなければならないことを知りました。自立支援では、有する能力を最大限に使って機能維持につなげ、廃用症候群を予防していくという考え方は理解できます。しかし、それ以上に過用（努力性の高い動き）や誤用（間違った動作）を引き起こさないように介護職が日常生活動作からしっかりとかかわることが、生活の営みを継続していくには重要になるはずです。

そのためには、能力を最大限に発揮してもらうのではなく、能力を適切に発揮できるように日常生活のなかから動作にかかわっていくこと、つまり利用者の「生活の営み」にかかわっていくことが本当の自立支援であり、「自立支援はあくまでも生活の営み支援の一環」だったのだと気づきました。私の目の前にいた利用者の症状が進行していったのは、廃用予防という考えのもと、利用者に最大限の力を発揮させ続けていたことが原因だったのです。

「頑張ればできるから」「有する能力を最大限に発揮する」ということは、その支援が功を奏することもありますが、どこかにあるであろう「できづらさ・わかりづらさ」を把握し、その部分が「適切に発揮できるように」かかわらなければ、その場だけの支援となってしまいます。

認知症ケアや、介護技術を用いた自立支援といったかかわりを実践してきて、介護の本質は「生活の営み」にかかわることだと理解したのです。

自立支援とは、**「その人の生活の営みを支援する」**ものであり、目の前の人の生活が少しでも豊かな状態を維持できるように、知識と介護技術を用いて望ましいかかわりを継続していくことが求められます。

私たちだって、「足が上がる」という理由だけで、「とにかく階段の上り下りをして」と言われても厳しいですよね？ ただやればよい、という考えは、過用・誤用を引き起こして、逆に筋肉や足を痛めて、歩きにくくなってしまう可能性があります。必要なときに、階段を上れれば…そうなんです！ いい状態を少しでも長く維持し生活が継続していけることが大切なんです。

③ 本人の意向を尊重すること≠自立支援

利用者の意向は、一人ひとり異なります。利用者と接していれば、その人の意向を尊重したいと思うのは当然ですし、尊重することは大切です。しかし、意向を尊重した結果、その先その人がどうなっていくかを予測することが疎かになり、結果的に利用者の症状が進行して生活しづらくなってしまうことがあります。

意向を尊重しながら、今できていることを少しでも長く維持していくこと、自分でできることを無理なく継続していけることが本来の自立に向けたかかわりです。**利用者の意向に沿って支援すると、どうなることが予想されるか、どうすることがベストかを利用者や家族、職員で話し合い、落としどころを考えていくことが必要です。**また、将来、症状が悪化しないよう、今できていることも、無理のある動きになっていないか、何かしらの痛みや不快感、不安がないか利用者に確認していきましょう。

④ 寝たきり・全介助の人にも「有する能力」はある!

自立支援となると、どうしても「自分で動ける人や要介護度の低い人」ばかりに目が行きがちですが、一般的に「寝たきり・全介助者」と言われている人にも「有している能力」「自立している能力」はあります。すべての生活動作において介護が必要と思われがちですが、そういう人にも自分でできることはあるはずです。

極端なことを言うと、寝たきりの人でも呼吸はできます。しかし、穏やかな呼吸ができる姿勢を自分でとることが難しいのです。だからこそ、介護職が望ましい臥床姿勢にその都度整えることができれば、苦しい呼吸ではなくなり、自立支援へとつながります。自分でできている部分には能力の維持につながるためのケアを、できづらい部分にはできやすいように介護をしていく必要があります。

そのためには、より適切な介護技術を身につけることが必要です。正しい知識や介護技術がなければ、利用者に不安や不快・恐怖を与え、その人が有する能力を奪う結果になりかねません。自分の技術が望ましいか、望ましくないのか、利用者に不安等を与える技術になっていないか、今一度振り返ってみましょう。

これは持論ですが、私は、「ケア」と「介護」を次のように考えています。

ケア	自分でできているものの、誤った動作になっていたり、できにくさ(わかりにくさ)を感じていたりすることに対して、その人が有する能力を適切に発揮し、少しでも長く維持できるようにかかわること
介護	生活に支障が出ている部分(自分ではできなくなった状況)をフォローし、その人が有する能力を発揮できるようにかかわること

3 「自立支援」成功のカギ

①「生活」はその一瞬だけではない！

利用者の生活は、介護職がかかわるその瞬間だけではありません。「洗濯物たたみ」を例に考えてみましょう。

本来、洗濯の工程は、ざっくりと①洗濯する→②干す→③乾いているか確認する→④取り込む→⑤たたむ→⑥たたんだものをしまう、という6つに分けられます。そのなかで、「立つ・歩く・座る」といった動作が必要になります。

利用者のなかには、たたむ前後に「たたむだけでいいの？」「たたんだらどこに片付けるの?」と聞いてくる人がいるのではないでしょうか。「生活」という視点で考えるのであれば、たたんで終わりではなく、その先を見据えて、利用者がその後の流れや行動を自分で判断できる環境を整えることも必要です。そうすることで、利用者の自律（自ら動くこと）につながっていくのではないでしょうか。

② 利用者が介護保険を利用している意味を考えよう！

「時間をかければできる」「頑張ればできる」という考えのもとで利用者にかかわっている介護職がいますが、利用者が、なぜ介護保険を利用しているのか考えてみましょう。介護認定を受けているということは、何かしらの原因によって生活に支障が出ているということです。つまり、今できている動作のなかにも、「やりづらい部分」があるのです。

このことに気づかないまま利用者が今できている動作だけを見てかかわっていると、無理をさせることとなり、結果としてそれが利用者のこの先の生活に支障を生じさせることにもなりかねません。「時間をかければできる」「頑張ればできる」といったその場だけのかかわりではなく、この先の生活を予測し、本来大切な「生活の営み」につながるようなかかわりが求められます。

③ 利用者の気持ちになってかかわろう!

介助やレクリエーションの間、利用者はどういう表情をしているか、気づいていますか。こちらがよかれと思っても、利用者にとっては不快なこともあります。

利用者のなかには、不快感を口にしない人・口にできない人もいます。「利用者が何も言わないから大丈夫」「いつもと変わりないから大丈夫」と思い込むのではなく、利用者の表情や行動、会話に意識を向け、その人の気持ちを理解してかかわりましょう。

「いつも通り」などで終わりにするのではなく、「どのようにいつも通りだったのか」を言葉にしていくと、小さな変化に気がつけるキッカケになります。

④ 利用者の生活時間で動こう!

普段は、利用者が「できるから」という理由でやってもらっている作業なのに、時間がなくなると当然のように介護職がやってしまったり、強制的に終わらせたりする場面を見かけます。それは逆に言えば、利用者の「できる能力」を奪っているということになりますよね。

また、ちゃんとした目的があってやってもらっていたはずなのに、介護職の時間管理のもと、「やらなくてはいけない作業」に変わっていることがあります。**時間内に作業を終わらせることが大切なのではなく、作業を完遂したという成功体験から、「できる自信を持つこと」が大切だったはずです。**

介護は、利用者の生活を支える仕事です。緊急時以外は、あくまでも利用者の時間軸で動きましょう。

⑤ 成功体験で自信をつけてもらおう!

介護職の「頑張ればできる」という考えのもと、できないことをできるまでやらされたり、失敗体験が続いたりした利用者には、マイナスの感情が芽生えます。まずはハードルを低めに設定して、利用者ができることに取り組んでもらい、そこから得られる**成功体験をプラスの感情に**していくことも大切です。

マンガの食器拭きのシーン（P.10参照）のように、利用者が一人でもできることだからと「任せきり」にしているのでは、ただやらせているのと同じで、利用者に精神的な負担を与えている可能性があります。もちろん、利用者が自ら「やるよ」と言ってくれた際は、本人のプライドもあるのでお任せしていいかもしれません。ただし、どのような場合でも、「おかげで助かりました。ありがとうございます」など、しっかりと感謝の気持ちを伝えましょう。

⑥ 思い込みや決めつけをやめよう!

この仕事をしていると、利用者から「ありがとう」と言われることがあります。感謝の気持ちを伝えられると嬉しくなりますが、それ故に、「これは本人のためなんだ」「自分はいいことをしているんだ」と思い込んでしまう介護職がいます。利用者からすれば、純粋な感謝の気持ち以外にも、職員への気遣い、ねぎらい、申し訳なさなど、さまざまな感情から成る「ありがとう」だと思います。そのときの表情や声のトーンなどに注意してみましょう。

同様に、「危ないから」という理由で利用者の行動を制限したり、「楽しんでいるから」という理由で脳トレなどのレクリエーションを全員参加で実施したりするところがあります。**介護職がそう思い込んでいるだけのこともあるので、利用者みんなが本当にそうなのか、一人ひとりの特性や症状を見て、かかわっていきましょう。**

「やりたいことを聞くと、『何でもいいよ』と言われるから」という人もいますが、その場合は、逆に「やりたくないこと」を聞いてみてはどうでしょうか。今までとは違う意見が出る可能性がありますよ。

表3　「自立支援」成功のカギ

1. 「生活」はその一瞬だけではない！
2. 利用者が介護保険を利用している意味を考えよう！
3. 利用者の気持ちになってかかわろう！
4. 利用者の生活時間で動こう！
5. 成功体験で自信をつけてもらおう！
6. 思い込みや決めつけをやめよう！

第2章

「思い込み自立支援」を「本来の自立支援」へ見直すヒント

1 そのかかわり、「思い込み自立支援」になっていませんか？

介護事業所や介護職が、「要介護者だから」「認知症があるから」「障害があるから」「機能低下しているから」「高齢だから」という理由で、利用者が何かしようとしても「危ない」「怪我をしないように」と、行動の制限をした生活を送らせていることがあります。一方で、生活不活性を引き起こさないように自立支援の一環として、「できること」を「活動」と称してやってもらっていることがあります。

しかし、その結果、状態を悪化させてしまったという場面を数多く見てきました。これは介護する側の「思い込みの自立支援」です。**「介護のプロ」であれば、思い込みではなく「本来の自立支援」を行わなければなりません。**そのためにはどうすればいいのでしょうか。

「今」を見ながら「先」を考えよう

利用者の「生活」は、介護職がかかわっているその瞬間だけではありません。その先も続いていくものです。「危ないから行動制限をする」のではなく、「どこに危なさがあるのかを知り、その部分に気をつけてかかわることで行動制限をなくしていく」、「今できているからやっていく」のではなく、「今できていることを適切に発揮していく」という観点でかかわっていくことが重要です。

「今の生活を知り、これから先の生活につながるかかわり」を頭に置いて、自分のかかわりを見直してみましょう。今の認知症や廃用症候群といった症状ばかりに目を向けるのではなく、これから先の身体的状況、誤用症候群、過用症候群に目を向けてかかわっていくことが、「少しでも長く、その人のよい状態を維持していく」ことにつながっていきます。

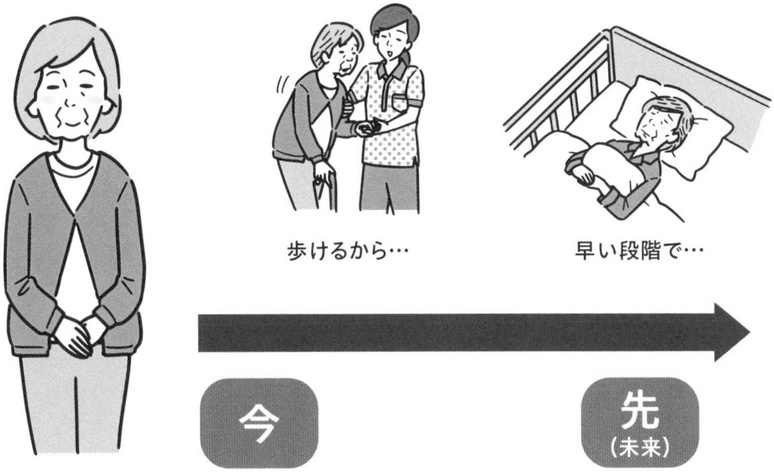

「安全」よりも「安心」へ

「安全な生活」に重点を置きすぎると、実は「生活しにくい」状況に向かってしまいます。そもそも、生活において完璧な「安全」というのはありえません。我々は常に「何かしらの危険」と隣合わせで生活しています。目の前の危険を排除したとしても、ほかの危険がたくさん存在するのです。

だからこそ、「安全な生活」ではなく、「安心した生活」に重点を置いてはどうでしょうか。利用者が安心して生活できるようにかかわることで、一人ひとりの生活の可能性が広がっていくことになります。

かかわっているその瞬間だけでなく、その人の生活全体をイメージすることで、それまでのかかわり方が、介護職の「思いの押しつけ」になっていたことに気がつけるはずです。

このことを念頭に、次からは具体的な場面をもとに「本来の自立支援」、つまり「生活につながる自立支援」について考えていきましょう。

2 事例で考える「本来の自立支援」に見直すヒント

事例 1 なぜ、座いす→車いすの移乗をしなくなったの？

Ａさん（90歳代）は、下肢筋力の低下が著明です。若干は足に力を入れることができますが、立位保持と歩行が困難です。少し円背姿勢で、車いす介助で移動しています。

Ａさんは、「車いすはあくまでも移動のため。ふだんは座いすに座って、やれることをやっていきたい」と話しています。Ａさんが利用している施設も同じように考えているため、移動以外は座いすに移ってもらっています。トイレや入浴場面も含め、車いすから座いすへの移動は、介護職が介助していますが、いつも穏やかな表情のＡさんなのに、移乗のときはとても険しい表情で職員にしがみついています。

移乗後は毎回職員が「大丈夫ですか？」と声をかけ、Ａさんはそのたびに「ありがとう」と返事をしていましたが、あるときを境に「車いすのままでいい」と話すようになり、座いすに移ることがなくなりました。

本人の意向だからと、介護職はそれ以降「座いすへの移乗介助」をしなくなりましたが、そのほかの場面で移乗するときのＡさんはやはり険しい表情をしており、次第にＡさんはベッド上で過ごすようになっていきました。

かかわりのヒント

Aさんが険しい表情をする理由を考えよう

介護職の移乗時のかかわり方がよくありません。下肢筋力の低下が著明という点と、立位保持と歩行が困難という点だけに注目し、「若干は足に力を入れることができる」ことに対する自立支援のかかわりができていません。

また、「ありがとう」と言ってもらえる=Aさんのためになっている、と勘違いし、移乗時にAさんが険しい表情で職員にしがみついていることに意識が向いていません。望ましくない移乗技術によって、Aさんは、痛みや恐怖を常に感じています。その結果、「座いすに座って、やれることをやっていきたい」という思いよりも、痛みや恐怖を感じない生活を選択する結果となっています。介護職には、Aさんが不安を感じないような、また、Aさんの能力を適切に発揮できるような移乗技術を身につけることが求められます。

本人の言葉だけではなく、状況で判断しよう

介護職は、Aさんの「車いすのままでいい」という言葉を本人の意向と受け取っていますが、「なぜそう言ったのか」を考える必要があります。そうすれば、上記のAさんの険しい表情をする理由とつながり、Aさんの「座いすに座って、やれることをやっていきたい」という希望も継続したのではないでしょうか。

どんなに素晴らしいかかわりをしたとしても、その前後のかかわりが適切でなければ、その場しのぎのかかわりになってしまいます。Aさんの「有する能力」はあっという間に奪われ、今後の生活に支障が出てくるのです。

持ち上げるような介助をされた円背の利用者が、「背骨が痛いからやめてほしい」と話してくれました。利用者が「痛い」と言える人であれば、こちらも対応を考え直すことができますが、そうでない人もいます。言葉だけでなく、その人の表情・体のこわばりなどにも注意を払いましょう。

事例 2

自分で移乗できていたのに、なぜ介助が必要になったの？

Bさん（70歳代）は、6～7歩くらいの歩行しかできませんが、立位をとり、車いすからベッドや座いすへの移乗は自分ででき、トイレも一人で行くことができます。そのため、事業所はBさんの現状維持が必要だと判断し、Bさんが移乗する際は、危険がないように介護職が近くで動作の見守りをしています。

しかし、ある職員が気をつけて移乗してもらおうと「しっかり座る方向を見ながら動いてくださいね」と声かけをしたところ、Bさんはベッドから車いすになかなか移乗することができず、そのまま尻もちをついてしまいました。その日以降、移乗するときにBさんのお尻が少し浮いたら、介護職が移乗側にお尻を振るサポートに入るようになりました。それ以外はこれまでと変わらないかかわりを続けていましたが、Bさんは徐々に自分で移乗することが難しくなり、そのうち移乗にはほぼ介助が必要になってしまいました。

かかわりのヒント

その声かけが適切かを考えよう

Ｂさんに自分で移乗してもらうという考え方はよいのですが、「声かけ」に問題があります。危険がないようにと声かけをしたのでしょうが、それが、逆にＢさんの行動を止めて尻もちをつかせてしまう結果となっています。

そもそも人間の体は、見ている方向を向くようになっています。すると当然、体の後ろにあるお尻は、その反対を向きます。つまり、Ｂさんは移乗する方向を見ていることで座る方向にお尻を振れなくなり、あたふたしている間に下肢筋力が保てなくなって尻もちをついてしまったのです。

声かけをするのであれば、たとえば「ゆっくり反対を向いてください」といったように、正しい情報を伝えなければなりません。

中途半端なかかわりはNG!

移乗するときにBさんのお尻が少し浮いたら移乗側にお尻を振るというサポートをした結果、その他の自立していた部分を奪ってしまいました。Ｂさんは、少しではあるものの立位を保つことができる人なので、しっかりと立位をとってから移乗することが大切です。そうすることで、お尻を浮かす動作の維持にもなります。立位をとる重要性が伝わり、Ｂさんが自分でそうするようになれば、もとの生活に戻れた可能性もあり、「移乗はほぼ介助」という状況にもならなかったはずです。中途半端なかかわりが、Ｂさんの生活に支障を与えてしまったといえます。

「人間本来の動きを引き出す」と言われることが多くあります。しかし、「それって本当に人間本来の動きなの？」と疑問を持つことがあります。本来の動きを「引き出す」ではなく、本来の動きに「近づく」と考えると、「本来の動きの確認」につながります。

事例 3　大柄な人の移乗介助は、密着&がっしり持ち上げる？

大柄なCさん（80歳代）は、下肢機能が低下していて自分で移乗するのが難しいため、介護職が移乗介助を行っています。ベッド上で両足を床について端座位で座ることができ、両上肢もしっかり力を入れて自由に動かすことができます。

移乗の際、介護職は、Cさんの両上肢の機能をしっかりと使ってもらうため、両手を介護職の首の後ろにまわしてもらって、持ち上げるように介助しています。これにより、Cさんが有する能力を発揮している、つまり、機能維持や自立支援につながっていると考えています。

介護職は、「Cさんと一緒に転倒しないよう、しっかり持ち上げよう」「持ち上げることでCさんを怖がらせないようにしよう」と、Cさんに体を密着させ、ズボンをがっしりつかんで持ち上げています。

かかわりのヒント

「密着=利用者は安心」ではない

介護職は、Cさんに安心してもらおうと考えて体を密着させていますが、実はこれがCさんと介護職を動きづらくさせています。また、移乗時にCさんを引き寄せてから真上に立ち上がろうとしているのもよくありません。

「立ち上がりの動き」をイメージすると理解しやすいと思いますが、本来、人は真上に立ち上がることが難しいのです。それなのに、さらに体を密着させて持ち上げることは、Cさんにとって「移乗しづらい状況」でしかありません。特に大柄な人を介助する場合、「利用者と一緒に転倒するかも」「利用者を落とすかも」という不安から介助が素早くなり、それによる恐怖から利用者の全身に力が入って、余計に移乗動作が難しくなります。

本当に下肢に力が入らないのかを考える

両上肢にしっかり力を入れて自由に動かすことができる、ということのみに意識が向いています。足を床について端座位を保てるのであれば、機能低下があったとしても下肢に力を入れることはできるはずです。しかし、持ち上げられることで下肢に力が入らないうえに、密着している介護職が邪魔になって、自分で踏ん張ることもできなくなっています。

この事例では、目で見てわかる現有能力だけを意識していますが、潜在している能力を引き出せるかかわりができていません。このままではCさんはベッド上で端座位を保つことが難しくなってしまう可能性があります。

移乗介助をするときにも「立ち上がりの根拠」の理解が大切です。そこから、潜在している能力への「自立支援」につながることが多くあります。また、事例のような介助は、介護職の腰痛や頸椎損傷の原因になるほか、褥瘡がある利用者の場合は、褥瘡の悪化につながります。早急に見直してください。

事例
4
一人で歩けていたのに、なぜ転倒するようになったの？

Dさん（70歳代）は、軽度の認知症と下肢筋力の低下があります。自宅では、手すりを使ったり伝い歩きをしたりと、ゆっくりではあるものの腰を伸ばした姿勢で、ふらつくこともなく一人で歩くことができています。

しかし、今後への不安から、Dさんの家族は機能低下予防のため、週に3回、1日7時間の通所介護サービスの利用を申し込みました。介護事業所では、歩くことに重点を置き、Dさんの「有する能力」を維持するため、たくさん歩いてもらっています。ただ、介護事業所は伝い歩きができる環境ではなかったため、職員がDさんの両手を引いて歩いています。

サービス開始から2か月ほどして、Dさんは自宅で手すりを使っているのにふらついたり、トイレ内で転倒したりすることが多くなり、介護事業所のトイレでも転倒することが増えてきました。そのため、介護事業所では下肢機能の低下と判断し、これまでの歩行練習から、マシーンを使った下肢筋力の強化を始めました。しかし、変化はほぼ見られませんでした。

かかわりのヒント

手引き歩行をするときの姿勢も大事!

介護サービスを使い始めてから、Dさんの生活に支障が出たのはなぜでしょう。自宅内と事業所内での明らかな違いは、手引き歩行をしていることです。

しかし、問題なのは手引き歩行ではなく、「手引き歩行時の姿勢」です。ここでは、有する能力をいかした自立支援=「自分の足で歩く」だけになっています。そのため、前ページのイラストのように上半身が前屈したあやまった姿勢で歩かされているだけとなり、誤用症候群を引き起こしています。Dさんは、自宅では腰を伸ばした姿勢でゆっくりと歩けていたのに、サポートに入ることで逆にDさんの自立を奪ってしまった結果になっています。

歩く方向は前方だけではない!

Dさんは、自宅では転倒することもなかったのに、手引き歩行のサポートをしているうちにトイレ内で転倒するようになっています。誤用症候群を引き起こしてしまったこともありますが、手引き歩行で前方にしか歩いていないことにも原因があります。

両手を引いて歩くということは、Dさんは前方にしか歩いておらず、足を後ろに引くという「有していた能力」を失いかけています。足を後ろに引く動作は、方向転換をするときやトイレ動作のときに行います。ただ歩ければよいということではなく、歩行動作にはどのような動きが必要かを考えてサポートできていれば、Dさんの「有する能力」が発揮でき、必要な生活動作の維持にもなったはずです。

機能低下と判断し、自分たちの生活動作でのかかわりを見直すことなく違うかかわり（この場合は「パワリハ」）に変更しても、よい変化にはつながりません。根本である「生活動作」からしっかり見直す必要があります。

事例
5

健側を使って一人で杖歩行していたのに、なぜふらつくの？

Eさん（70歳代）は、数年前に脳梗塞を起こし、その後遺症により左半身に麻痺があります。退院後に介護事業所を利用しはじめましたが、片麻痺はあるものの健側でできることがたくさんあり、杖を使って一人で歩くこともできます。そのため事業所では、①健側を頑張って使ってもらうこと、②一人で歩いてもらうこと、を「自立支援」として掲げてきました。

サービス開始から3年目を過ぎた頃から、Eさんの麻痺側の上肢が固くなってきて、歩行中にふらつくことが増えてきました。そのため、移動の際は介護職がEさんの麻痺側の脇の下を抱えて歩行をサポートするようになりましたが、Eさんの麻痺側の歩行状態は改善せず、むしろどんどん悪化しています。

かかわりのヒント

健側を頑張って使うことが適切なのか

健側を頑張って使ってもらうことで、現有能力を維持しようとするかかわりをよく見かけます。これは、今持っている力を使わないことで、その力が失われてしまうことを予防するための対応なのでしょう。

しかし、事例では健側だけへのアプローチとなっていて、その分、麻痺側に負担がかかっていることに気づいていません。その結果、麻痺側の上肢が拘縮へと移行しています。**有する能力（健側の力）を「最大限」に使ってもらうのではなく、「適切」に使って努力性の高い動きを控えることで、麻痺側への負担を軽減しましょう。**健側の能力だけを考えるのではなく、両側で二次障害を引き起こさないようにすることが求められます。

歩行に支障が出る前からかかわる

「歩行に支障が出てきたから、麻痺側の脇の下を抱えて介助する」のではなく、歩行に支障が出る前からしっかりかかわるべきです。麻痺があっても、**「杖歩行ができるから、たくさん歩いてもらって健側の力を維持する」ではなく、「杖を使って正しく歩けているか」を日々確認していかなければなりません。**また、麻痺側の脇の下を抱える介助は、バランス移動を難しくします。正しく歩けていることがこの先のEさんの生活につながり、機能維持にも結びついていきます。

こういう話をすると「それは介護の話ではなく、リハビリの話だ」と言う人もいますが、**介護のプロとして、生活動作内での正しい動きにかかわっていくことが必要ですよ。**

「頑張ってやってもらう」という発想は、「誤用」や「過用」を引き起こすかかわりとなってしまうことがあります。麻痺の有無にかかわらず、左右両側のバランスを考えてかかわりましょう。

事例
6
自宅をバリアフリーにしたのに、なぜ転倒するの？

Fさん（80歳代）は、軽度のアルツハイマー型認知症です。年齢による下肢機能の低下がみられますが、転倒することなく、少し足を上げて歩くことができています。生活動作に介助は必要なく、自分でさまざまなことができています。

とはいえ、今後の転倒リスクを考え、ケアマネジャーの提案で、自宅の主空間である自室、廊下、トイレに段差解消と手すりの取り付けといった住宅改修を行いました。そのときは、Fさんも家族も、「これで安心して生活できる」と喜んでいました。

ところが、半年が過ぎた頃から、Fさんが数ミリの段差につまずいたり、玄関で壁を伝え歩きしたりして、前方へ転倒することが増えてきました。その結果、Fさんは自室から出なくなってしまい、その頃からFさんの認知症の症状にも変化が出てきました。

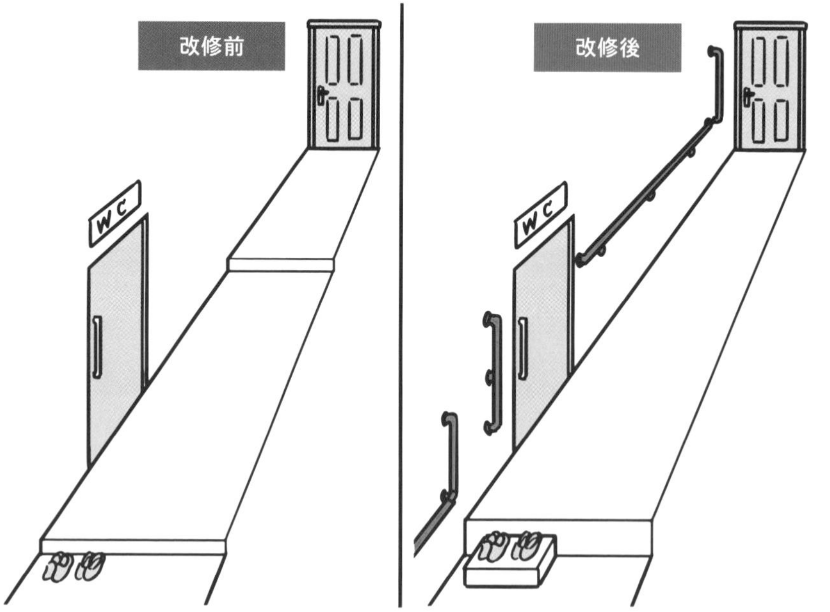

かかわりのヒント

段階を経た住宅改修を考えよう

「下肢機能の低下＝転倒」という判断はあまりにも安易です。転倒リスクを踏まえて今後の対応を考えるのは大切です。しかし、リスクへの対応をすることで、逆に急速な機能低下を引き起こしてしまう可能性があることを視野に入れておきましょう。

機能低下は、基本的には徐々に進行していくものです。これは、加齢の影響を受けることも一因です。今のＦさんの状況と、その先のＦさんの状況をイメージして、どういう対応をすればFさんがこれまで通りの生活を営んでいけるのかをＦさんや家族と相談する必要があります。

安心することで注意力が低下しやすい

Ｆさんは、改修前はつまずかないように段差に気をつけていたのですが、段差が解消されたことで、足を上げなくてもつまずくことなく移動ができるようになりました。また、手すりのある生活に慣れてしまったために、手すりがない場所では、「手探り」しながら歩き、重心が前方にある歩き方になってしまっています。

住宅改修によって、そのときの状態以上の安全を用意してしまったことで、「転ばない安心感」から注意力の低下につながってしまいました。つまずくことがないことで「すり足歩行」になってしまい、行動範囲が狭くなり、改修した場所以外はＦさんにとって「危険」を伴う空間となってしまったのです。

介護は、「安全な生活」ではなく「安心な生活」につながらなければなりません。リスクを見越しすぎた対応は、逆にリスクを高めてしまう可能性があることに気づいてほしいものです…。

事例 7 自分で食事できていたのに、なぜ介助が必要になったの？

Ｇさんは普段から車いすで生活しています。自分で食事をすることはできますが、食事中にどんどん前傾姿勢になってしまいます。そのため、職員がその都度Ｇさんの体を起こしています。座位姿勢を整える際は、車いす上で職員が介助し、基本とされる深く座る姿勢に直しています。

基本姿勢に整えてもＧさんがどんどん前傾姿勢になっていくため、介護職員は、「Ｇさんは座位保持が厳しい」と判断しました。また、Ｇさんが前傾姿勢になるたびに姿勢を整える時間がないという理由から、車いすのタイプをリクライニングへ変更しました。

その結果、Ｇさんは徐々に自分で食事をすることができなくなり、職員は「機能低下」と判断しました。今では、リクライニングを少し後方に倒し、誤嚥しないように注意しながら食事介助により食を維持しています。

かかわりのヒント

「基本」がその人の特性に合っているか考える

職員が「基本」として教わった座位姿勢に間違いはないと思います。しかし、その「基本」は、すべての人に共通なのでしょうか。健康な人、障害がない人にとっての「基本」なのではないでしょうか。

高齢者や障害がある人の場合、基本に沿って実施すると、ほかの部分に支障が出てしまう可能性があります。**その人の特性に合った姿勢を考えることができるようになることが重要です。**

基本を考えるのであれば、そもそもGさんが車いす上で日々生活していることは基本といえるのでしょうか。**生活は「点」でのかかわりではありません。**どうしてそのような姿勢になってしまうのか、さまざまな角度から考える必要があります。

機能低下ではなく動作をできなくさせている

Gさんが自分で食事ができなくなったのは、「脳や身体の機能低下」が直接的な要因ではありません。明らかに、車いすをリクライニングに変更したことで、Gさんの「できる力」をなくし、有する能力を削ってしまったことが要因です。

また、前傾しないようにリクライニングを少し後方に倒している状況で、「誤嚥をしないように」というのは矛盾しています。Gさんのためと言いつつも、「職員の都合」でしかないように感じます。その結果、Gさんが**自分で食事ができなくなったことを「機能低下」とし、自分たちのかかわり方には問題はないと主張しているようにしか思えません。**

動作ができづらくなっていないかをしっかりと確認しなければなりません。できづらくなっているから「症状が進行した」と判断するのは介護職の勝手な思い込みでしかありません。まずは根本的な原因を探しましょう。

事例
8

できるところまで自分ですることが自立なの？

脳梗塞の後遺症による片麻痺があり、拘縮に移行してしまったHさん（80歳代）は、スプーンを使って自分で食事を食べることができます。

しかし、食事をはじめてしばらくすると麻痺側に傾き、自分で食事を食べられなくなってしまいます。そのため、傾き予防として麻痺側に大きめのクッションを入れ、傾くことなく最後まで自分で食べてもらうようにしていますが、やはり時間とともに座位姿勢が崩れてしまいます。このとき、クッションが邪魔をしている様子で、麻痺側斜め前方に倒れていってしまいます。

介護職は、このような状況でも「自分で食べてもらうことが大切」と判断し、麻痺側の斜め前方に傾くまでは自分で食べてもらい、その後、食事介助に入ることで「できるところまでは自分で＝自立」という考えのもと、介助をしています。

かかわりのヒント

クッションを入れる前に、傾く理由を考えよう

まずは、座位姿勢がしっかり保持できているかを確認しなければなりません。毎回、しっかり座位姿勢がとれていることを確認してから食事をはじめることが重要です。

「自分で食べられるから」という視点だけで健側を使い、健側の努力性を高めた結果、麻痺側の筋緊張を高め、姿勢が傾いてしまっていることに気づけていません。「自分で食べられる」ことに目を向けるのは大切ですが、**姿勢が傾いている理由も考えましょう。**この場合、自分で食べられていますが、体の傾きや麻痺側の拘縮移行を引き起こしています。理由も考えずに「姿勢が傾いた=クッションを入れる」では、今後の生活に悪影響が出てしまいます。「傾くことなく食べられる」ことは、食生活に対する意欲向上にもつながります。

「できるところまで」ではなく「無理なくできるように」

「できるところまで自分でやってもらう」ということは、言い換えれば「限界まで自分で頑張ってもらう」ということです。**利用者が限界まで頑張った結果、どうなるか考えたことはありますか？**

限界まで頑張った結果、体に痛みや苦しみが生じるとわかれば、「やりたくない」「その動き自体をしたくない」と思うようになり、生活意欲は低下してしまいます。だからこそ、利用者が限界に近づかないためにどうするべきかを考えなければなりません。介助で苦しめてしまうことにならないよう、「できるところまで」ではなく「無理なく続けられる」かかわりをすることが大切です。

健側を頑張って使うと、麻痺側の筋に緊張が入り、二次障害に移行してしまいます。現有能力を使うという視点だけでなく、それによってほかの部分に支障が出ないかを考えながらかかわることが介護職に求められます。

事例 9　一人で車いすから立ち上がったらヒヤリハット？

立ち上がった際の転倒で骨折し、車いすを使うようになったJさん（80歳代）。それにより生活意欲が低下し、心配した息子からの提案で、地元を離れて息子夫婦の自宅で同居することになりました。

同居してからも、「何もやりたくない」と車いすで生活をしているため、生活不活発病になることを心配した息子夫婦の勧めで、通所介護事業所を利用しはじめました。しかしJさんは、職員が介入しても自分から人に話しかけることも行動することも少なく、車いすに座ったままです。立ち上がり時にはふらつきが強く見受けられることから、職員は「介助が必要」と判断して介助をしています。

あるとき、たまたま事業所に自分の生まれ故郷の食べ物があるのを見たJさんは、自ら立ち上がり、その食べ物の調理方法などを話し始めました。ふらつくことなく立ち上がり、とても今まで介助が必要だったとは思えませんでしたが、職員は、Jさんが一人で立ち上がったことをヒヤリハットとして共有し、今後の対応につなげるようにしました。

かかわりのヒント

「車いすを利用=介助が必要」なのか

Jさんの**身体状況をきちんと把握しないまま**、「骨折の既往、車いす生活、ふらつき」から「転倒のリスクが高い」「生活意欲が低下し、会話もしにくくなっている」と臆測で判断しています。

そのため、転倒リスクにばかり目がいってしまい、Jさんが有している能力に気づけていません。また、**食べ物に興味があったから「できた」と判断しがちですが、逆を言えば、普段は「興味がわかない生活」をしているということです**。職員が、Jさんがケガをしないようなかかわりや憶測での判断をしていることで、Jさんの生活意欲を逆に低下させてしまっていることに気づかなければなりません。

本当にヒヤリハットなのか

憶測から「できない、危ない」と判断してしまうことで、**本来は問題ないことをリスクとしてあげてしまうことがあります**。よかれと思ってそのリスクを職員で共有した結果、まるで職員が一丸となって利用者の生活意欲を奪っているように感じることがあります。

この事例の場合、「見守り強化」などの改善策があげられることが考えられますが、本来は、ヒヤリハットではなく「できること」を共有するべきです。今回のことで、Jさんの地元の食べ物が生活意欲の向上につながることがわかったので、今後どのようにプラスの介入をしていくのかを共有するべきだと思います。

問題(課題)を解決するのはあくまでも利用者本人です。臆測での判断は、その人の有する能力ではなく「困りごと」への対応だけになりがちなことに気づきましょう。

事例 10

寝たきりの人は全介助？

廃用症候群により自分では動くことができないKさん（90歳代）は、「寝たきり」と言われる状況です。食事・入浴・排泄など、生活動作のすべてに介助が必要な状況のため、介護職はKさんには自立した部分がない「全介助」という認識でかかわっています。

褥瘡予防のため、定期的な体位交換をしていましたが、数か月すると両腕が胸の前で重なり固くなってきたため、「拘縮」と判断しました。それ以降も、変わらず介護をしているものの、Kさんは一日を通して常に呼吸が苦しそうで、発汗が絶えない毎日を過ごしています。

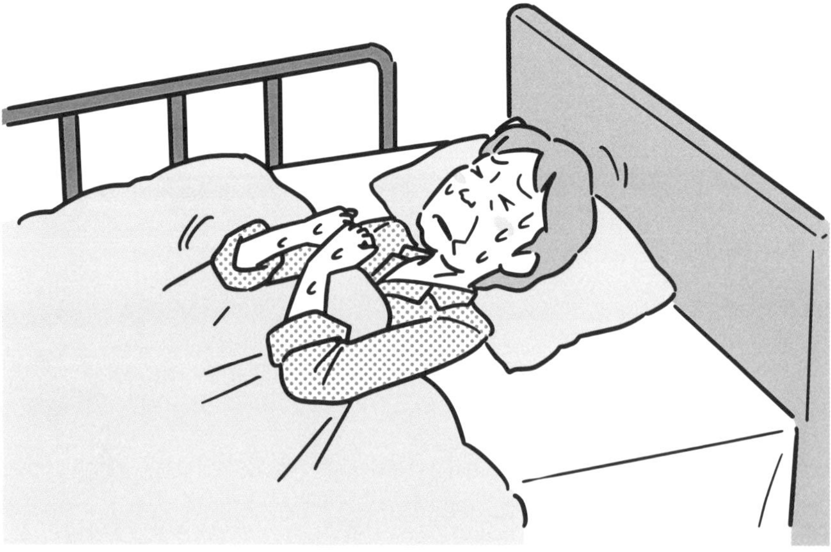

かかわりのヒント

「寝たきり=全介助」と決めつけない

「寝たきりだから全介助」と判断することで、その人の生活力を見落としてしまうことがあります。しかし、たとえ、食事・入浴・排泄、移乗や寝返り等の「動作」を自分でするのが難しくなっても、すべての「能力」を失ったわけではありません。全介助者でも、呼吸は自分でしていますし、経口摂取ができるのであれば、咀嚼・嚥下は自分でできるということです。すべてに介助が必要と決めつけたかかわりが、その人の生活力を奪っていることに気づかなければなりません。全介助者と言われている人の「有する能力」を知れば、そこには全介助ではなく部分介助でのかかわりができます。「生活の営み」につながる自立支援のかかわりができなければなりません。

誤った介護が利用者に苦痛を与えることもある

一つの動作のみに焦点を当てていると、その動作につながる部分に支障をきたしてしまいます。Kさんの場合、定期的な体位交換をしていても、それが褥瘡予防のみを目的としていたため、その後の臥床姿勢が安定するものになっておらず、Kさんの体の緊張（筋緊張）が高まり、筋が固くなってきています。この緊張が継続すると、拘縮へと移行してしまいます。

それにもかかわらず、臥床姿勢での介護職のかかわりが乏しいことから、呼吸がしづらい姿勢になっていること、筋緊張によって発汗が絶えないことに気づかず、常にKさんに苦痛を与えてしまっています。介護職の誤ったかかわりがKさんの自立した能力を奪い、さらには拘縮をまねいたといえます。

介護職のかかわりのせいで、利用者を苦しめてはいけません。「全介助＝何もできない」と決めつけるのではなく、その人ができること（自立している部分）を探し、その部分にかかわっていきましょう。

事例
11

「立ちたくない」という意思表示は「拒否」扱い？

アルツハイマー型認知症のLさん（80歳代）は、加齢による機能低下があるものの、ゆっくりであれば転倒することなく一人で立ち上がることができます。とはいえ、頻繁に立ち上がろうとすると、転倒したり尻もちをつくように座ってしまったりと、怪我が絶えません。

転倒のリスクを避けるため、立ち上がりは介助していますが、できる限り自分の力で立ち上がってもらえるようにしています。たとえば、斜め上方へ両手を引っ張り上げたり、脇の下に手をまわして真上に引き上げたりと方法は介護職によって異なりますが、「頑張って足に力を入れて立ってくださいね」と自立を促す声かけをすることで統一しています。

しばらく経つと、Lさんは自ら立とうとする意欲がなくなってしまい、介護職から「立ち上がり拒否」や「手をはたく暴力行為あり」などと記録に書かれるようになりました。

かかわりのヒント

「できること」ではなく「できないこと」を見ている

利用者が転倒すると、その人が有している能力よりも「できないこと」の話が中心となり、そこから介助方針を決めていくことがあります。Ｌさんはゆっくりであれば一人で転倒することなく立ち上がれるので、本来はその部分に目を向けるべきです。それなのに、「転倒すること」に焦点を当てて、立ち上がる動作すべてに支障があるというレッテルを貼っています。レッテルを貼ることで、動作のどこに支障があるのか、どこの動作がしづらくなっているのかに気づけなくなり、さらになぜ支障が出ているのか考えることをやめてしまっています。

本当に「拒否」や「暴言・暴力」なのか

Ｌさんからすれば、立ち上がりづらい介助方法で、無理やり立たされていると感じている可能性があります。不自然な体勢で引っ張り上げられれば、「何かされるのではないか」と不安な気持ちになるものです。そのため、自分なりに何とかしようと考えたうえでの「立ちたくない」という意思表示をしただけだと理解する必要があります。ゆっくりであれば一人で立ち上がれるので、介護職が望ましい立ち上がりの介助をしていれば、また違った状況になっていたのではないでしょうか。

Ｌさんは、今の状況を自分で何とかしようとしているだけで、決して「拒否」や「暴言・暴力」ではありません。かかわり方だけではなく、記録からも自分たちに望ましくない対応がなかったかを振り返る必要があります。

利用者が、介護職の対応に反する発言や行動をすると、「拒否」や「暴言・暴力」と言われてしまうことがあります。これは、介護職が利用者の生活を管理していること、自分たちが上の立場であると主張していることの表れではないでしょうか。

事例 12 本人の意向を尊重することがベスト？

左脳梗塞の既往があるMさん（70歳代）は、軽度認知症と診断されています。それまでは農業一筋でしたが、認知症と診断された後は農業を引退し、一人暮らしを続けながら進行予防のため介護事業所に通っています。

Mさんには、「今までのように畑仕事がしたい。ほかのことはやりたくない」という意向があるため、介護事業所では、畑仕事を好きなようにやってもらっています。普段の動きを見ても麻痺があるようには見えないため、Mさんには「後遺症による麻痺はない」と考えられていました。しかし、2年近く経った頃から、右上肢の動きが悪くなり、畑仕事の段取りに時間がかかるなど、少しずつ変化が出始め、食事も時間がかかるようになりました。

職員会議では、Mさんの認知症が進行し、手続き記憶に支障が出ているものの、まだ畑仕事ができるからと、進行の予防と本人の意思を尊重するために今まで通り「できる活動を自分で考えてやってもらう」ことを継続していました。その結果、3年が過ぎた頃には右側の拘縮が強くなり、認知症の症状も進行して、生活動作のほとんどに介護が必要な状態となってしまいました。その後、Mさんは施設入所を余儀なくされました。

かかわりのヒント

本人の意向を尊重することだけがベストではない

自立支援では、「本人の意向の尊重」を重視していることが多くあります。しかし、Ｍさんの場合は、本人の意向どおり、「引退前と同じような生活を送ること」を自立支援としたことで、二次障害を引き起こしています。

軽度の認知症の場合、手続き記憶を発揮してもらうことは大切かもしれません。しかし、認知症の進行予防にばかり目が行き、**「目で見てわかる麻痺」がないからと、脳梗塞の既往があることを忘れていることに問題があります。**そのせいで、**「今できていることを支援している」という介護職の自己満足の自立支援となり、**脳梗塞の後遺症や拘縮予防へのかかわりができておらず、体に変化が現れて廃用症候群へと進んでしまっています。

身体的負担による認知症の進行

畑仕事の段取りに時間がかかるようになったことと、食事に時間がかかるようになったことを「手続き記憶」に支障が出ているためと判断しています。

Ｍさんの場合、「畑仕事＝自分でできる」という本人の思いと、「畑仕事＝自立した生活」という介護職の考え方が一致してしまったが故に、３年経ってから「〇〇のしづらさ」という身体的負担が出てしまいました。

麻痺側の拘縮により、今まで支障なくできていたことが「できづらく・できなく」なってしまい、「不快」を感じる生活がストレスや意欲の低下につながり、認知症の進行の引き金になってしまいました。

本人の意思だからとなんでも尊重するのではなく、生活への落としどころを考えたうえで尊重していかないと、早い段階で「生活を営みづらく」してしまう結果になっていることが多々見受けられます。

事例 13

通所介護でだけ活動できていればそれでよい？

アルツハイマー型認知症のNさん（80歳代、要介護1）は、息子家族と同居しています。もともと家事が好きな人で、息子夫婦が留守の間も家事が自分でできていたため、息子夫婦は助かると喜んでいました。

息子夫婦は、認知症の進行予防のために介護事業所の利用をNさんに勧め、通所介護を利用することになりました。通所介護では、Nさんが好きな家事を中心に、できることをやってもらっています。家族との連絡帳で「○○を率先してやっていただけています。休憩も少なく毎回職員並みに動かれています」と報告をしていましたが、1か月しない頃から、家族から「母は本当に○○をしているのでしょうか。家では何もやらず、横になっていることが増えたのですが…」と言われるようになりました。

それからも、Nさんは通所介護ではいつもと変わらない生活をしていましたが、自宅ではほとんど寝ているようになり、昼夜が逆転して家族の負担は増え、疲弊しきっています。

かかわりのヒント

自立支援の取り組みで疲れさせているのでは

居宅系サービスを利用する人には、自宅に帰ってからの生活があります。**自立支援として、事業所内でできることをやってもらうのはわかりますが、それによって自宅での生活にマイナスの変化が出ては意味がありません。**加齢による体力の低下や、その日の体調なども把握しなければ、ただただ疲労が溜まっていくだけです。

「休憩も少なく毎回職員並みに動かれています」と連絡帳に書いているようですが、そこまで動いたら当然疲れますし、「自宅に帰ってまで同じことはしたくない」「家ではゆっくり休みたい」と思うのが普通ではないでしょうか。通所介護は、ただ活動すればいいという場ではありません。**適度な休憩ができる環境を整えることもケアの一環**だと思います。

本人だけでなく、家族の生活も重要

利用者が家族と同居しているのであれば、利用者の自宅での様子をしっかり聞き取っていくべきです。連絡帳はそのためのものでもあります。

「家では何もやらず、横になっていることが増えたのですが…」**と家族が連絡帳で不安を伝えているのに、それには対応せず、家族の負担が増えて疲弊しきってしまう**、という結果になっています。家族が疲弊しきる前に対応をしていれば…と悔やまれます。こうなると、Nさんが自宅での生活を続けることは難しくなってくることが想定されます。

自宅と事業所、両方での「生活」を考えたケアが必要です。利用者にとって、お願いされたらやるしかない状況や、とにかく何かをやっていなければならない状況を作らないようにしましょう。生活は24時間365日続きます。そのなかでの「動き」を考えていきましょう。利用者がゆっくりする時間と環境も必要ですよ。

事例 14

希望どおりの車いす生活だったのに、なぜ後悔しているの？

Ｐさん（90歳代）は、腰椎狭窄症で下肢に痛みと痺れがあり、本人の希望のもと車いすで過ごしています。足を極力使わず、上半身を使ってベッドから車いす、トイレ、浴槽などの移動をしています。

月日が経ち、Ｐさんの下肢筋力の低下が著明になり、さらに両肩に痛みが出てきたため、移動にも介助が必要となりました。介護職は、Ｐさんが希望通りに車いすで生活し、今の状態になるまでは自分で頑張って移動していたのだからと「意思を尊重したかかわりができた」と思っています。Ｐさんは、介助されるたびに「迷惑かけてごめんね。まさかこんなふうになるとは思ってもいなかった」と言うのですが、「今まで頑張ってこられたのだから気にしないでください」と介護職は返事をしています。

Ｐさんは「本当にごめんね」と言いながら、これまでの過ごし方を毎日後悔するようになってしまいました。

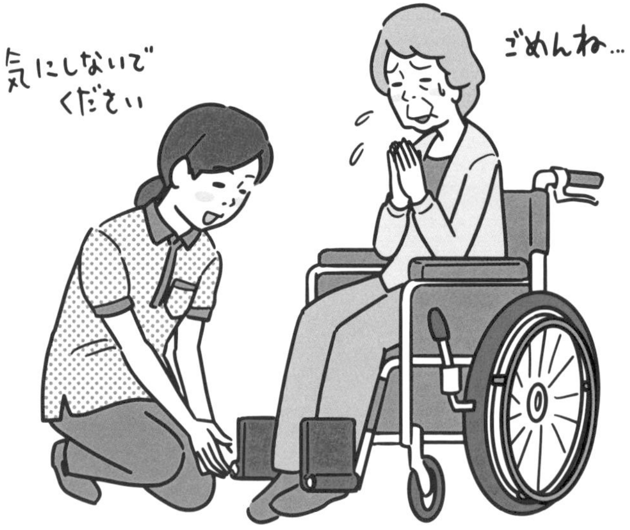

かかわりのヒント

意思の尊重が引き起こした生活

車いすでの生活を選んだPさんの意思を尊重したことに問題はないように感じるかもしれません。

しかし、下肢の痛みと痺れからの「逃避」を優先して「意思を尊重する（車いすで生活する）」のではなく、車いすでの生活を送っていると、**この先どうなることが考えられるのかをしっかりPさんに説明したうえで、本人が納得して選ぶ必要があった**のではないでしょうか。

下肢筋力が低下するまで、移乗動作を自分でできていたということは、痺れがあったとしても下肢を使うことができていたということです。下肢筋力の低下が進んだことで、上半身への負担が大きくなり、介助が必要な生活が早く訪れてしまったという結果になっています。

後悔する毎日は生活意欲を奪ってしまう

「迷惑かけてごめんね」や「まさかこんなふうになるとは思ってもいなかった」と**毎日後悔する生活は、この先の生活への不安を募らせ、生活意欲の低下にもつながります**。さらには、「人に迷惑をかけるから何もしない」という生活不活性を引き起こす可能性も高まります。

後悔のない生活を送る人はいないでしょうが、「後悔が少ない生活」につなげることが介護職としての仕事でもあると思います。

「痛み・痺れが嫌だから車いすを使う」という一択ではなく、将来のことを踏まえた複数の選択肢を用意しましょう。そこから自己決定できるように、しっかりと予後を予測したうえでの話し合いをしましょう。

事例
15

外に行くのが好きなのに、なぜ外では険しい表情になるの？

Ｑさんは（80歳代）立ち上がり動作ができ、テーブルに手をついて立位をとることができます。移乗時も立位をとることはできますが、歩行は厳しく、移動は車いす介助となっています。車いす上では常にアームサポートを握っているため、車いすを自走するのが厳しい状態です。上肢は自由に動かすことができるため、日中活動するときはいすに座り、ほかの利用者と楽しく談笑しながら洗濯物をたたんだり、食器を拭いたりしています。

Ｑさんは外に行くことが好きなため、外で活動するときは、介護職が必ずＱさんに声を掛けて一緒に出かけるものの、やはり手はアームサポートを握ったままで、車いすに座ってほかの人の活動を見ているだけの状態です。このときは、しっかりとした姿勢で車いすに座っています。しかし、室内のときとは違い、笑顔はなく険しい表情になっています。

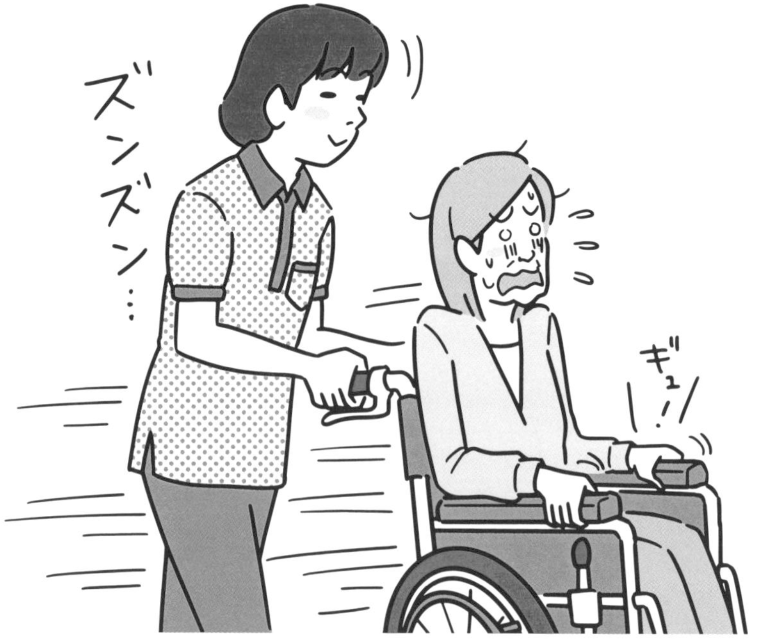

かかわりのヒント

Qさんの有する能力を活かしている

日中活動するときには、車いすからいすに移ることで、移乗時に立位をとるというQさんが有する能力を活かせています。また、Qさんは他者と楽しく談笑するなど、コミュニケーションを楽しみながら生活を送っています。**有する能力を活かし、一部介助で楽しみながら生活を送ることができており、まさに「自立支援」になっている**といえるでしょう。

ただし、車いすは移動のための手段なので、移動時以外は活動がなくてもいすに座って生活するのが望ましいといえます。

室内だけの活動になってはいないが……

外で活動する際に、外に行くことが好きなQさんに必ず声かけをするのはよいですが、「外に行くこと」が目的となっているのではないでしょうか。

移動中に車いすのアームサポートを握っているのは、移動のスピードが速くて恐怖を感じている証拠かもしれません。

外で止まっている状態にも注目してみましょう。座位姿勢は保てているのにアームサポートを握っていることには、何か理由があるはずです。足の状態を確認したとき、移動中の状態のまま、車いすのフットサポートに足が乗っている状態であれば、全身が緊張している可能性や座位姿勢で不安定な姿勢と感じている可能性もあります。もしそうなっていたら、それは、「外に行ければそれでよい」という考えのもと外に連れだしているだけで、**Qさんの純粋な「外に行きたい」という気持ちが削られている**だけになってしまいます。

いすに座ったときに足が床につかない状態だと、踏ん張ることができないので全身が緊張してしまいます。車いすの人がフットサポートに足を乗せたままの生活をすると、さまざまな支障が出てしまうことを知るべきです。

事例 16 生活歴を踏まえた自立支援なのに、なぜ怒るの？

クリーニング屋を営んでいたRさん（80歳代）は、夫の他界後に認知症を発症し、グループホームに入所しました。短期記憶の保持がやや難しいことに加え、ブローカ失語の診断が出ていましたが、できることがたくさんあったので、グループホームでは、Rさんの「できること」を維持する目的で、洗濯物担当としての役割をお願いすることにしました。具体的には、①洗濯機で洗う→②干す→③取り込む→④たたむ→⑤収納する、という一連の流れで自立した生活を送ってもらうというものです。

ところが、①～③は自分でするのですが、④⑤は声掛けをしても動作ができず「いや…いや…」と繰り返すだけなので、職員が代わってしていました。しかし、職員が洗濯物をたたもうすると怒るような仕草が続き、しばらくすると①～③もやらなくなってしまいました。

かかわりのヒント

なぜそういう反応をするのか、疑問を持つ

職員が洗濯物をたたもうとすると、なぜ怒るのか。ここには何かしらの原因があるはずです。言葉を理解できるものの、言葉を発することがむずかしいRさんが、怒るようなしぐさをするということは、「不快」なものを感じ、そのことを知ってほしいというRさんの自己表現なので、**「なぜ怒るのか」と疑問を持たなければなりません。**

疑問を持たずに職員がやってしまうことで、せっかく生活歴から考えた自立支援が意味のないものになり、意欲の低下につながってしまいます。

生活歴から発言の背景を考えよう

利用者のできることを生活歴から探し、その部分を引き出していくことは大切です。しかし、④⑤の際になぜ「いや…いや…」と繰り返すのかを考えていません。Rさんは失語症でうまく自分の考えを伝えられないため、「いや…いや…」の意味を考えることが重要なのですが、④⑤ができないと判断し、職員がやってしまっています。

では、Rさんの元クリーニング屋という生活歴から、乾いた洗濯物をどうしているのかを考えてみましょう。**運動性の失語であれば、職員の言葉を理解することは可能なので、一つひとつRさんに聞いていくべきです。**たたむことができないのではなく、アイロンがけなどの一工程が抜けているため、「まだたたまない」と考えているのではないかとなど、職員側が「探る」ことで行動がつながっていきます。

生活歴を踏まえた自立支援をするのであれば、しっかりとその当時の状況を考えて「それに近い生活」ができるようにかかわらなければなりません。

事例
17

「料理好き」な人に料理をお願いしたのに、なぜ怒るの？

出稼ぎに出ていることが多い夫に代わり、6人の子どもをほぼ一人で育ててきたSさん（90歳代）。特に、食事、洗濯、掃除は毎日大変でしたが、料理好きだったこともあり、楽しく生活をしてきました。

6人の子どもが全員家庭を持ち、ゆっくりできると思っていた矢先、加齢による機能低下が見られるようになり、その後、認知症を発症しました。当初は孫の面倒をみることはでき、孫のために料理もしていましたが、徐々に物忘れが増え、料理の味付けを間違えることが増えてきた頃から、孫のそばにはいるものの料理をしなくなり、生活が不活性になって機能低下が進んでいきました。

その後、認知症の進行もあり要介護3と認定され、夫と自宅で2人暮らしを続けることが難しくなってきたため、グループホームに入所することになりました。そこではSさんが料理好きであったことに焦点を当てたかかわりをはじめました。ところが、Sさんはお願いしても料理はせず、「今までやってきたのに、何でまたやらなきゃいけないの」と怒り出し、座っているだけになっています。

かかわりのヒント

利用者の情報の優先順位を考えよう

子育てで毎日大変な思いをしてきたこと、ゆっくりできると思った矢先に認知症を発症したことよりも、「料理が好きで楽しく生活をしていた」という「生活歴」からの情報が優先されています。毎日大変でも、それを楽しめたのは「子どものため」だからです。

昔好きだったことだから今も好きだろうと安易に考えるのではなく、なぜ好きだったのか理由を考えて、その理由を踏まえたかかわりをしなければなりません。

生活歴を押しつけない

Ｓさんは今までどおりの生活を送りづらくなり、何らかの支援が必要となったからこそ介護認定を受けています。

なぜ、料理をしなくなってしまったのかを知ったうえでかかわっていくことが求められているのに、認定前の生活歴からの「やってきたこと（料理好き）」を押しつけていることでＳさんを不快にさせています。料理をしなくなった原因として、自分が好きだったはずの料理で「味付けを間違える」という失敗や、孫に食事を作ってあげられなくなったことで落ち込んだことが考えられます。そのときの辛い思いを軽減していかなければ、自立支援と思ってやっている料理がＲさんに苦痛を与えるだけのものになってしまいます。

介護認定前の生活歴も大事ですが、認定後にどのような生活をしていたか、どういうことを話していたか、という情報を収集することも重要です。「自信が回復するかかわり」からはじめていくことがＳさんにとっての自立支援だと思います。

事例
18

片麻痺の人は健側を活用していればよい？

脳梗塞の後遺症で左半身に麻痺があり、車いすで移動しているTさん（60歳代）。声かけなどの「きっかけ」があればできることが多く、潜在能力が高いと考えられています。職員が「手すりを使って、健側（右側）で体を引き上げるようにしてください」と自分で移乗できる方法を何回か口頭で伝えたことで、便器⇔車いすの移乗が自分でできるようになり、「排泄自立」となりました。

Tさんは利き手が右なので、しっかりと力を入れることができています。職員がいなくても一人で移乗できるようになったため、現有能力と潜在能力を引き出すことができ、Tさんの生活の幅が広がったと職員たちも話しています。そのため、Tさんが自分でできるようになったことについては、Tさんから聞かれない限り、そのまま見守りをしています。

あるとき、Tさんから「左腕と左足が変なんだよ」と言われたので確認すると、明らかに固くなっていました。

かかわりのヒント

努力性が高い動きを伝えていないか

排泄はプライベートなことなので、自分でできるようになるのは素晴らしいことです。しかし、伝えた内容に問題があります。**「健側（右側）で体を引き上げる動作」**を繰り返すと、今後の生活に悪影響を及ぼす可能性があります。

実際に、Tさんから「左腕と左足が変なんだよ」と言われたときには麻痺側が固くなり（筋緊張）、拘縮へのリスクが高まっています。自立支援につなげるため、Tさんの有する能力を発揮することを意図していたはずなのに、その能力を望ましくない形で発揮させたことで、麻痺側に支障をきたしてしまいました。

再アセスメントを怠らない！

たとえ適切な内容をTさんに伝えることができ、そのことをTさんが理解して自分でできるようになったとしても、どこかで自分のやりやすいように変えてしまったり、もしくは間違えた動きになってしまったりすることはよくあることです。「伝わった」「できた」ではなく、**「その後、適切に継続できているか」を適宜確認していくことも自立支援では重要です。**

Tさんの場合、伝えた内容も、その後のかかわり方にも問題があります。気づいたときには手遅れだった、という取り返しのつかない自立支援をしていただけになってしまいます。

自立しているから問題ない、と安心して終わりにするのではなく、ほかに不具合や支障が出ていないかを再アセスメントするように心がけましょう。

一時的な筋緊張であっても、それを繰り返すことで拘縮に移行させてしまいます。「頑張って健側を使おう」という安易な発想はNGです。立ち上がり動作には「おじぎ」が大切ですが、この場合は健側で体を引き上げているため、腕の力だけで立つことを考えてしまっています。

事例
19
歩けるから、歩いてもらうのが自立支援？

48歳で脳梗塞を起こし、その後遺症から右半身に麻痺があるUさん。杖歩行が可能なため、歩行維持の観点からも自分でたくさん歩いてもらうようにしています。

転倒するリスクが少ないため、職員はUさんの歩行姿勢を意識することはありませんでした。Uさんの杖は少し長く、杖を持つ健側の肩が少し上がっており、麻痺側が若干後方に引けているような歩き方をしています。「歩行自立」と認識されているため、自由に歩いてもらうことを「自立支援」として計画書に記載しています。

Uさんが50歳になる頃に、歩行時の支障が目立ちはじめましたが、計画書が変更されることはなく、目標が「歩行機能維持のため自ら歩ける」となったままでした。そのため、職員も以前と同じようなかかわり方をしていました。ところが、しばらくするとUさんは左足の痛みを訴えることが増え、歩けなくなってしまいました。

かかわりのヒント

歩くときの姿勢にも注意する

杖の長さがUさんの身体に合っていないことで左肩が上がり、重心移動がしづらくなっていることで麻痺側に負担をかけてしまっていること、麻痺側を待たずに、健側だけで前に進んでいることに問題があります。

Uさんに限らず、歩行姿勢は、人から指摘されないと自分では不自然な姿勢になっていることに気づきにくく、そのままになってしまいがちです。なぜ、職員はUさんの歩行姿勢を意識しなかったのでしょうか。「歩けているから」「歩行自立だから」という思い込みがあったのではないでしょうか。しかし、それではその場だけでのかかわりになっていて、「有する能力を維持する」という目指すべき自立支援とは程遠いものになってしまいます。

50歳で生じる「今後の生活への不安」

杖歩行ができているUさんには、この先、片麻痺があっても歩くことができるという自信があったはずです。それなのに、50歳という年齢で歩く体力があるにもかかわらず、足の痛みのせいで歩けなくなってしまったら、これから先は「歩けない不安＝今後の生活への不安」を抱えて暮らしていくことになります。そうなると、Uさんの生活意欲が低下してしまうことも考えられます。

計画書でも「歩く＝自立支援」とされたからこそ頑張ってきたのに、「歩く＝生活への不安」に変わってしまうのは介護職のかかわり方が間違っていたとしか言いようがありません。「生活を続けていける自信」が持てるよう、自立支援の在り方をもう一度見直す必要があります。

利用者を客観的に見ることも必要です。歩行姿勢に違和感をもったら、ほかの介護職や他職種にも意見を聞くなど、思い込みでかかわることのないようにしましょう。

事例 20 「見守り」という名の監視になってない？

ある事業所では、やりたいと希望してくれる利用者数名と昼食の用意をしています。

まず、職員が包丁やまな板など必要な道具をテーブルに用意して、それから手伝ってくれる利用者に声をかけ、一人ずつ作業してもらうテーブルに誘導し、全員が集まるまで待ってもらっています。全員が集まったら、職員の声かけでそれぞれ野菜を切るなど調理をはじめますが、必ず職員が隣で見守ることにしているため、職員が隣にいないときは座って待ってもらっています。

調理が終わったら職員が片付けをします。調理用具、特に包丁は利用者が手に取れないよう、普段見えないところにしまわれています。

かかわりのヒント

「上げ膳下げ膳」のかかわりが自立支援なのか

　できる人、やりたい人だけで活動することはおかしなことではありません。職員も利用者のできることを見極め、「自立」を意識しているのだと思います。

　しかし利用者は、準備の段階では参加せず、昼食の用意というほんの一部だけの参加となっています。また、職員が隣にいなければ目の前の作業に取り組めず、自己判断でやってみようという雰囲気でもありません。**やりたいと希望して参加しているはずなのに、「やらされている」という印象を受けます。**

　これでは取り組みの目的が変わってきます。「整った環境」を用意するのではなく、自分たちで「活動する環境を整える」ように準備していくことが大切です。そうすれば、今はこの活動に参加していない人も、興味を持ってくれるのではないでしょうか。

「見守り」という名の「監視」になっている

　調理ができる人、やりたい人が集まっているのに、自分で考えて作業するのではなく、**職員主導で、職員がいなければただその場にいるだけの状態**になっています。これは、「何かあったらどうしよう」という考えが先行しているからだといえます。包丁などの調理器具が、利用者が手に取れないよう、見えないところにしまわれているのが、その証拠です。

　どんなに「できること」に取り組んでもらっても、職員が見ているなかだけでの生活になっています。これでは、職員が「安心できないから動かないで」と言っているのと同じです。せっかく利用者の「有する能力」をアセスメントして活動しているのに、意味のないものになっています。

「見守り」という名の「監視」された生活は、意欲低下につながりかねません。「見守る」ではなく、その人の「生活力」を信じることが大切です。

事例
21
羞恥心への配慮も大事だけれど…

血管性認知症で左半身に軽度の麻痺があるWさん（60歳代）は、介護職が着替えを手伝うことに強い抵抗があります。以前ほかの通所介護を利用していたとき、入浴時に無理やり服を脱がされて嫌な思いをしたそうで、そのことが原因となっています。

Wさんは左腕を少し動かすことができ、自分で着替えられること、以前のような嫌な思いをしてほしくないことから、着替えに関しては「自立」と判断して、職員はWさんが着替える際は基本的に見ないようにしています。

ズボンの着脱は上手にできているようですが、上着を脱ぐ際は、左側から脱ぎ始め、右手を背中に回して左手の袖口を引っ張るため、左腕が背中側に引っ張られています。服から左腕が抜けると、脱力したように腕が前に戻ります。

数か月後、Wさんは「左手の辺りに違和感と痛みがある」と訴えるようになりました。職員は、Wさんは左麻痺があるため痛みがあるように感じているだけなのでは…と考えています。

かかわりのヒント

思いへの配慮だけではなく、現状にも配慮する

嫌な思いをしたことを極力思い出させないようにするかかわりは大切です。特に入浴となれば、羞恥心にも配慮すべきデリケートな問題です。そのことに加えて「自分で着替えられる」ということもあり、Wさんの着脱時の動作確認ができていません。Wさんは、軽度の麻痺があり、血管性認知症と診断されているので、脳卒中の既往に対するかかわりを忘れてはいけません。

それを怠った結果、麻痺側の間違った関節の動きから、Wさんは左手の辺りに「違和感や痛み」が出て、このままだと自分で着替えることは難しくなってしまう可能性があります。着脱できない→入浴をしたくない、ということにもなりかねません。

間接的なケアで動作の維持に

直接的な着脱の介助には抵抗感があり、自分で着替えることもできるから介助はしないという方針にするのではなく、「間接的なケア」でかかわっていく必要があります。「大丈夫」と決めつけるのではなく、Wさんがしづらそうにしている部分や、望ましくない動きをしている部分に声をかけ、正しい着脱動作を伝えていくことが大切です。

そうすることで、麻痺側への負担が少なくなり、「違和感や痛み」につながらない着脱動作を継続できます。嫌な思いをしたときの記憶へのアプローチにもなり、Wさんのこれからの生活も継続できたはずです。

そもそも、「入浴時に無理に利用者の服を脱がす」のは、介護職として大きな問題です。本人が「着脱しづらい」と感じると、それが入浴したくなくなる理由の一つにもなります。入浴以外の着替えなどの場面からも、しっかりとかかわらなければなりません。

事例 22 同じ認知症だから、同じ対応でよい？

認知症があるＹさん（70歳代）とＡさん（90歳代）が皆と外出するため、靴を履こうとしています。玄関では介護職（40歳代）が一人で介助・見守りをしています。

Ｙさんも Ａさんも、時間をかければ自分で靴を履くことができるので、自分で靴を履いてもらえるように介護職は「ゆっくりで大丈夫ですよ」と伝え、しばらく見守っていました。しかし、二人とも靴に踵を入れるのに時間がかかり、大人数での外出のため、予定がずれてしまうと焦った介護職は、「ここだけ手伝いますね。後は自分でできますね」と自分にとってはゆっくりな動きで手伝いをしました。

Ｙさんは、認知症の症状から踵を入れづらくなっていたようで、Ａさんは、加齢による機能低下から足を引き上げる動作や前屈動作がゆっくりしかできず、踵を入れづらかったようです。Ｙさんは「ありがとう」、Ａさんは「ちょっと待って」と2人の反応が違いました。

かかわりのヒント

できにくい理由は人によって異なる

Ｙさんと Aさんは、**共に認知症と診断されていますが、症状や身体状況はそれぞれ異なります。**Ｙさんは認知症の症状から踵を入れにくいのに対して、Ａさんは身体機能の低下から踵を入れにくいという状況です。２人に履けるところまで「ゆっくり自分で履いてもらう」というのは、手続き記憶をたどった自立を促そうとしていたように見受けられます。

Ｙさんに対しては、「声かけしてそれでも難しそうであればケアに入る」ことで問題はなかったように思いますが、Ａさんは、「ちょっと待って」と言っており、直接踵を入れる手伝いをするのではなく、履けるのを「待つこと」「靴ベラを用意しておくこと」も対応として考えられたのではないでしょうか。

「ゆっくり」の感覚は一人ひとり違う

職員は、焦らずに靴を履いてもらおうと「ゆっくりで大丈夫ですよ」と伝えたものの、思っていたよりも時間がかかったことから、職員都合、施設都合の対応になってしまいました。特にＡさんの「ちょっと待って」という発言には、①もう少しで自分で履けるのに、②職員のケアのスピードが速い、という2つの意味があると予測できます。**職員は「ゆっくり」と思っていても、40歳代と90歳代（身体機能の低下あり）では、筋力や瞬発力等の身体機能が同じなわけがありません。**職員の「ゆっくり」は、本人さんにとっては「速い」ことがほとんどです。そして、このスピードの差が、利用者の有する能力を奪ってしまう可能性もあるのです。

職員は「ゆっくり」と思っていても、それは職員の主観でしかありません。「利用者にとってどうか」を常に意識しましょう。また、同じ症状、同じ年齢というだけで「全員同じ」と判断するのは大きな間違いです。

事例
23　車いすの自走ができているから問題なし？

脳梗塞の後遺症で片麻痺となったＢさん（70歳代）。自分で歩くのは難しいため、車いすを使用しています。車いすの自走は可能なので、自分で移動することができています。

有する能力を最大限に発揮してもらうことを自立支援としていることもあり、Ｂさんは健側の上肢でハンドリムを操縦し、健側の足で地面を蹴って漕ぐように移動しています。しかし、数メートル進むと上肢の動きが後ろに引かれ、後方に下がるような動作があります。

とはいえ、Ｂさんが自分で移動しているので、職員は特に気にすることなくＢさんが自分で移動できることを大切にしていました。

かかわりのヒント

自走できていたとしても確認することが大切

Bさんが数メートル進むと上肢が後ろに引かれることに対して「なぜ?」と疑問を持たなければなりません。「自分でできている」から気にしない、というのは、「思い込み自立支援」としかいえません。

まず、車いすでの姿勢を確認しましょう。健側の足で漕ぐ動作をしているので、骨盤が斜めになりやすいこと、上肢で操縦しているので、肩甲骨周辺が固くなってしまっていることが考えられます。そのため、数メートル進むと肩甲骨が閉じて腕が後ろに引かれてしまうのです。

このまま健側を頑張って使ってもらうと、ハンドリムの操縦が難しくなってしまいます。また、足で漕ぐことで姿勢が崩れやすく、全身の緊張を高めています。このままだといずれ自走できなくなり、生活範囲が狭くなることが想定されます。

拘縮との関係を知るかかわりを

利用者は、生活のなかで無意識のうちに「間違った動作」「無理な動作」「努力性の高い動作」で動いていることがあります。そのときできていたとしても、その人の病気や障害を理解し、間違っている動作があれば、介護職として改善していかなければなりません。

特に、神経性拘縮や筋性拘縮に移行しないようにすることが必要で、筋緊張を高めている動きを「自立」としないよう心掛けなければなりません。ときどき、「意思の尊重」として、今の動作を続けてもらうと言っている介護職がいますが、その結果、拘縮に移行してしまったら取り返しがつきません。

拘縮により、本人も介護職も大変な思いをすることになるので、ふだんの生活動作からしっかり予防しましょう! 拘縮に移行しないかかわりも介護従事者としての勤めです。

事例 24 羞恥心に配慮して個浴にした結果…

Cさん（100歳）は、数年前に脳梗塞による脳血管性認知症（当時）と診断されました。その後、軽度アルツハイマー型認知症の診断を受け、現在は要介護3と認定されています。

100歳ということもあり、加齢による機能低下は見られますが、基本的な生活動作は自分でできています。入浴動作もほぼ自分ででき、なにより他人に裸を見られることに強い抵抗があるので、自分で入浴できること、羞恥心に配慮することを理由に、極力職員はかかわらず、個浴で入浴してもらっていました。

あるとき、高熱を出したCさんから体の痛みの訴えがあったため、痛む部分を確認したところ、広範囲で水疱が確認できました。受診の結果、帯状疱疹でした。発見が遅かったこと、後遺症で神経痛が酷く、食事も水分も摂れなくなってしまったこと、高齢だったことが影響して、それから2か月ほどで亡くなってしまいました。

かかわりのヒント

本人の「気持ち」を大切にするのはよいけれど

　基本的な生活動作が自立している人の場合、特に入浴に関して支障がなければ、羞恥心への配慮から入浴の時間だけ伝え、後は自分で入ってもらう事業所があると思います。本人の意向を尊重すること、自立している部分を発揮してもらうことは、「自立支援」として問題ないように感じてしまうかもしれません。

　しかし、Cさんの場合、**要介護3という事実もあるので、洗髪や洗身の状況を確認することは必要です。完全に本人に任せるのではなく、声かけとともにさりげなく確認するなどの工夫が必要だった**と思います。「要介護認定が出ている理由」よりも「本人の意思」を優先し、身体状況の確認を怠ったといえます。

悲しい結果にならないように

　羞恥心への配慮から、入浴中に洗髪や洗身の状況を確認できないにしても、入浴前後や朝の着替えのタイミングで、「**皮膚の状況を確認させてください**」と**正直に伝えて同性の介護職に確認させてもらえば、早期に状況の変化に気づくことができたのではないでしょうか。**

　早期発見から治療につながれば、Cさんは苦しまずにすんだかもしれませんし、このような悲しい結果にはならなかったはずです。

「自立」の考え方や「本人の意向」を大切にしつつ、「変化」に気づけるかかわり方、利用者が苦しまない生活を送れるようなかかわり方を考えていきましょう。

本人の思いを大切にしたいという気持ちはわかりますが、「任せる」と「任せきりにする」では大きな違いがあります。「気がつけていれば…」ではなく「変化に気づける」かかわりができなければなりません。

事例 25 限られた時間だけの機能訓練でよい？

夫を亡くしたことで表情も活力もなくなり、認知症の症状と生活不活性から身体機能が低下し、要介護認定を受けたＤさん（80歳代）。子どもは近隣で暮らしていますが、「子どもに迷惑はかけられない」と一人暮らしをし、なんとか必要最低限の自立した生活を送っています。

しかし、今後のことを考えて、機能低下を予防するため、大きな通所介護事業所を週4回利用することにしました。午前と午後にセラピストによる合計60分ほどの個別機能訓練や運動プログラムに参加し、それ以外の時間は介護職が対応をしています。しばらくすると、Ｄさんが今までできていたこともできなくなってきたので、認知症が進行したと判断したケアマネジャーは、通所先を少人数の事業所に変更しました。

そこでは、職員の職種関係なく、ほかの利用者と一緒に生活動作にかかわりながら機能訓練につながる取り組みをしています。その結果、Ｄさんは以前よりも自立した生活が送れるようになりました。ケアマネジャーがＤさんに「以前の事業所では、運動以外にどういうことをしていましたか？」と聞いたところ「全部やってくれたから、今のところと違って楽だったのよ」と笑いながら答えました。

かかわりのヒント

全部してあげることは、利用者にとってよいことか?

身体機能の低下を予防するため、機能訓練と運動プログラムを週4回も行っていたのに、なぜDさんはできていたことができなくなったのでしょうか。

「運動以外は全部やってくれたから、今のところと違って楽だったのよ」という言葉から、以前の事業所では、1日60分の個別機能訓練や運動プログラム以外は介護職が全部行ってしまっていたことがわかります。機能訓練等で体を動かしている以外は、ほとんど動かない生活を送っていたことで、利用前より機能が低下してしまったのだと予測できます。

機能訓練以外の生活動作でも、望ましいかかわりがあれば、必要最低限の生活動作の維持につながったはずです。

1日を通して「生活」を考える

ケアマネジャーが、事業所を変更したことがよい結果につながりました。

決まった時間、体を動かすことも大切ですが、「生活」は1日を通して考えなければなりません。「1日の生活」を意識して全職員でかかわることで、もともと有していた能力の維持、向上につながっていきます。また、全職員やほかの利用者と一緒に決まった時間かかわることも、Dさんにとってプラスにはたらいたのだと思われます。その証拠に、表情が乏しかったDさんは笑いながらケアマネジャーと話すようになりました。

1日を通して生活にかかわること、一緒に生活動作を行うことが、Dさんの自宅での自立した生活の維持につながりました。

生活動作内でのかかわり方で、機能訓練の結果がさらに活かされます！ 他職種との連携や共同を「生活」の視点から行えると、より目の前の利用者の生活が「豊か」になるのではないでしょうか。

事例 26 送迎は、ケアマネジャーが安心するためのもの？

Eさん（60歳代）は57歳のときに認知症を発症し、若年性認知症と診断され、早期退職しました。60歳になった頃から近時記憶の障害が現れたため、担当ケアマネジャーがついて介護サービスを利用しはじめました。

ところが、迎えにきた送迎車を見て「あんな車に乗っていくのは嫌だ」と家に閉じこもるようになったため、Eさんが自分で通える事業所を家族が探し、ケアマネジャーにお願いして変更してもらいました。事業所の職員は、Eさんが「どのようなルート」で「何を目印に通ってくるか」などを事前に確認し、Eさんが問題なく歩いて通えると判断しました。

しかし、担当ケアマネジャーは「今だから大丈夫なだけ」と納得せず、さらに2年後に即時記憶に支障が出始めると「認知症だから行方不明になるかもしれない。責任を取りたくない。自分で通うのは認めない。車で送迎してもらう」と家族を無理やり説得しました。当のEさんは納得しなかったので、事業所の職員が間に入り、Eさんが事業所に通っているときの生活状況や、通ってくるときのルートとそのルートの目印も問題ないこと、送迎は歩きでの送迎にすることをケアマネジャーに提案しましたが、認知症を理由に、車での送迎での通所に変えてしまいました。その結果、Eさんは今までできていたことがあっという間にできなくなり、家族が自宅介護の限界を感じて、63歳で施設に入所することになりました。

かかわりのヒント

ケアマネジャーの意見が最優先なのか

本来であれば、最優先すべきはEさんの生活です。しかし、ケアマネジャーは「認知症だから行方不明になる」「責任を取りたくない」と、**自分の保身から事業所を変更しただけで、一番大切なEさんや家族の意向を無視し**、さらにはEさんができていたこと（事業所に通うこと）まで奪っています。

事業所側は、Eさんの状況を報告していますが、ケアマネジャーはそれを理解しようともせず、自分のことしか考えていません。ケアマネジャーが自分の思いを優先した結果、Eさんは施設に入所することになってしまいました。

車での送迎は最終手段に

事業所からの報告をもとに、ケアマネジャーは自分でもEさんの現状を確認するべきです。「送迎が必要」と決めつけるのではなく、本来であれば、事業所からの情報と自分で確認したことを合わせて、どうしたら**Eさんの意向を尊重しつつ、家族が安心する対応ができるかを考えるべきところ、自分の安心を最優先**してしまいました。

例えば、事業所の提案も考慮し、Eさんが一人で通うのではなく、職員と一緒に歩いて通う、離れた位置から職員がついていく（ただしこの際は、本人に気づかれないようにしなければなりません）など段階を経て、「車での送迎」を最終手段としておくほうが、Eさんの意向と能力の維持につながったのではないでしょうか。

利用者本人と向き合うべきなのに、認知症や麻痺など、利用者の疾患・障害と向き合っている人がいます。さらに、その疾患や障害について偏見を持っていることも…。介護のプロとして、その姿勢はやめてほしいものです。

事例
27

「いつもの○○」は落とし穴！

Ｆさん（70歳代）は、自分で食べることができますが、かなりの早食いです。食材をあまり嚙まずに飲み込んでいますが、今のところむせ込んだことはありません。本人も「若い頃からずっと早食いだった」と言っており、長年その生活をしてきたこと、むせ込みがないことから、介護職はその状況に慣れてしまい、特に気にかけることもなくなりました。Ｆさんの食事の席は、職員に背を向ける位置になっており、職員から表情等は見えなくなっています。

Ｆさんは、食事が終わるといつも座ったまま居眠りをします。その日も居眠りをしていて、ふだんより眠っている時間が長いように感じたものの、介護職は「いつもの居眠り」と気に留めることなく、そのまま寝かせていました。しばらくして介護職が声をかけたところ、Ｆさんは食事が半分残ったままの状態で、呼吸もしていませんでした。発見が間に合い、最悪の結果は免れましたが、危うく誤嚥による窒息でそのまま命を落としてしまうところでした。

かかわりのヒント

「早食い」の危険性を考えよう

若い頃から早食いだったとはいえ、若いときと今とでは身体状況は変わっています。その状況で「早食い→居眠り」の流れは、窒息の危険性を高めます。

ゆっくり食べることが難しいのであれば、Fさんの食事の席を職員が確認できる位置に変えるべきでした。そうしていれば、食事状況の確認ができていたはずです。万が一、食事の席を変えることをFさんが断った際も、**「早食い、居眠り」について職員全員に共通認識があれば、Fさんの食事中の様子を気にするかかわりができたはずです。**

「いつも○○だから」に要注意！

「いつも○○だから」という言葉は、裏を返せば、それを理由に「状況の変化に目を向けていない」ということです。**「いつも○○」と感じるのであれば、ちょっとした変化があったとき、「いつもと違う」と気づけるはずです。**

「いつも食材をあまり噛まずに飲み込んでいるが、今のところむせ混むことはない」「いつもの居眠りだから」を理由に、Fさんの様子を見ることを放棄しているように思えます。でも、居眠りに関しては「ふだんより眠っている時間が長いように感じる」と「いつもと違う」ことに気づけていたのに、Fさんをそのままにしていました。「ゆっくり噛んで食べてください」「お食事はお済みですか」など、とその都度声をかけることが最低限必要だったはずです。

「いつも○○」や「以前から○○だった」で終わらせるのではなく、その日その日の変化や、昔と今の状況の違いをしっかりと把握したうえでかかわりましょう。そうでなければ、Fさんのようなヒヤリハットやアクシデントを引き起こしてしまいます。

事例
28 買い物できれば、それが「自立支援」？

娘家族との同居で6人暮らしをしているGさん（70歳代）。毎日1回散歩に出て、散歩ついでに買い物をするのが日課です。ある日、家族から「毎回同じものを買ってきて困っている」とケアマネジャーに相談がありました。そこで、通所介護を利用し、日中家にいない時間を作ることになりました。

しかし、Gさんが「行かない」と拒んだため、ケアマネジャーと事業所はGさんの日課を踏まえて買い物に行くプランを立て、Gさんに来てもらうことにしました。Gさんは、週3回の利用時に「牛乳、ヨーグルト、バター、食パン、バナナ」を購入し、「これで大丈夫」とホッとしています。職員はGさんが自分で買い物ができているので、そばで見ているだけの状態です。

ある日、家族から「家にいない時間ができただけで、以前と何も変わらない」とケアマネジャーに連絡がありました。事業所に伝えたものの「Gさんは自分で考えて買い物をしている。あまり強く言って事業所に来てくれなくなったら困る」との返答だったため、ケアマネジャーは家族に「通えなくなってしまう可能性があるので、しばらく様子を見ましょう」と伝えました。

家族は、Gさんが通い慣れるまでの我慢だと納得した状態でしたが、娘は「もう買ってこないで!」と強い口調でGさんに言うことが増えています。

かかわりのヒント

買い物ができればそれでいいのか

家族は毎日同じものを買ってくるGさんに困っているのに、介護職はGさんが買い物をするのを見ているだけです。これではただ買い物に同行しているだけで、自立支援ではありません。また、**事業所も「通ってくれればそれでいい」という姿勢**になっていて、何のためにかかわっているのかわかりません。

Gさんが、毎回「牛乳、ヨーグルト、バター、食パン、バナナ」を買う理由や、それを買ってホッとしている理由を本人との会話のなかから探し、家族からの情報と結び付けなければなりません。**「通ってもらえなくなったら困る」「自分で考えて購入しているから」という事業所都合での自立支援になっています**。

訪問介護による自立へのかかわり

「これで大丈夫」という言葉から、**Gさんは何かに不安があって同じものを毎回購入していると予想できます**。また、同じものを買う＝「(買ったものが)なくなった」と認識しているとも考えられます。だとすれば、買い物直後のGさんは、買い物ができて安心している状況のはずです。

これらを踏まえ、正しい「自立支援」のかかわりを考えるのであれば、**「通所」ではなく「訪問」**で、「いつも買っている品が自宅にあるのか、ないのか」を確認し、買うものがあれば家族からGさんにお願いしてもらって、それを買ってくる、というかかわりがよいのではないでしょうか。そうすれば、Gさんの不安と娘さんの強い口調が軽減でき、自立支援にもなるはずです。さらに、「家族のためになっている」とGさんの生活力の向上にもつながるはずです。

「通ってもらえなくなったら困る」というのは事業所の都合であり、自立支援とはかけ離れています。「本人の生活」を理解したうえでかかわっていかなければなりません。

事例 29 レスパイトの意味、知ってる？

息子夫婦と同居しているＨさん（80歳代）。認知症の症状により同じ話を繰り返す、トイレ動作を失敗する、日中に外に出かけて帰ってこられなくなる、ということが多々ありますが、基本的な動作は自分でできています。食事の配膳下膳、食器洗いを自分の役割と思っているようで、率先して行っているため、息子夫婦も助かっていました。週１回の通所介護でも、Ｈさんが「できる」と思ったことは「やりますよ」と言ってくれるので職員も助かっていました。

しかし、息子の妻はＨさんが出かけて帰ってこられなくなることへの不安が大きく、Hさんから目を離せない状況に精神的に疲れてしまいました。そのため、ケアマネジャーの提案でレスパイトとして試しにショートステイを１週間利用することになりました。

事前の担当者会議で「自宅と事業所での生活の様子」をショートステイ先に伝えましたが、ショートステイ先では「たった一週間だし、Hさんに何かあったら大変」と、すべて職員がやってあげるという対応をとりました。その結果、ショートステイから戻ったＨさんは、これまでやっていた食事の配膳下膳などもせず、座って待っている状態になりました。また、事業所では「どうやって帰るのかわからない」や「家の場所がわからない」と職員を頼ることが増え、自宅では「自分はどうしたらいい？」「ここにいていいの？」と繰り返し話すようになり、息子の妻は身体的な疲労も感じるようになってしまいました。

かかわりのヒント

担当者会議の意味を考える

担当者会議とは、利用者によりよいサービスを提供するために、利用者・家族にかかわる職員が情報共有や意見交換をする会議です。

Hさんの生活環境の変化を極力軽減できるように担当者会議を開いたのに、ショートステイ側は「すべてやってあげるかかわり」をしています。「できることは自分でやる」という考え方のHさんが、「たった1週間だから」という考えのもと、何もしない生活を送らされた結果、「生活空間」、家族や職員との「かかわり方」、自宅での「役割」に大きな変化が起きてしまいました。

せっかくの担当者会議なので、事業所や職種を超えて、利用者・家族の生活のために連携を考えるべきです。

環境が変化しても、それまでの役割は変化させない

おためしの1週間とはいえ、Hさんにとっては、大きな生活環境の変化です。Hさんは、ショートステイまでは「自分の役割」を自分なりに考えて行動していました。生活環境の変化は、週1回の通所介護も同じですが、ここでは環境が変わってもHさんの「役割の継続」を行っていたため、自宅での生活が継続できていました。この継続を断ち切らないために、担当会議を開いたはずです。

環境が変わっても、普段と変わらない生活、その人の役割を変えない生活を送れるようにすることは大切です。介護する側の対応も含め、リロケーションダメージを1つでも減らせるかかわりをすることが求められます。

一時的に休息できても、休息明けに家族の負担が大きくなるのであれば、レスパイトの意味がなくなります。「何かあったら大変」というショートステイ側の考えで、利用者・家族の生活を壊すのは、もってのほかです。

事例
30

職員会議での発言、違和感ありませんか？

ある日の職員会議で、利用者2人の「有する能力」について話し合いをしました。

職員A：○○さんは、最近できないことが増えてきたので、もっと介助に入ったほうがいいのではないでしょうか?

職員B：確かに、できないことが多くなったので介助量が増えています。職員の負担が増えて大変です。

職員C：今までみたいにできなくなったのであれば、すべてやってあげたほうが職員にとっても楽なのではないでしょうか。

職員A：…では、○○さんのために介助に入りましょう。ちなみに□□さんは、○○さんとは反対に、お願いすればできることがあるので、今まで通り「自立」でいいと思うのですが、どうですか?

職員B、職員C：できるのだから「今まで通り」にやってもらえると楽ですね。

かかわりのヒント

職員会議は、職員が楽になるための話し合い？

「自分たちが大変だから」「楽をするため」に利用者をどう介助するかの話し合いになっています。本来なら、「どの部分がどのようにできなくなったのか」を話し合わなければならないのに、自分たちの負担が増えるから全部やってあげたほうが楽とまで言っています。

しかし、すべてをやってあげることで「楽」になるわけではありません。やってあげた結果、その後の介助量が増え、利用者の生活を奪うことになります。

また、「お願いをすればできることがある＝自立」と安易に考えていますが、職員が楽をしたいために利用者にやってもらうという考え方は、職員都合でしかありません。

「できない話」ではなく「できている話」をしよう！

利用者の「有する能力」についての話し合いなのに、「できる／できない」の話になっています。そして、「できなくなった」ということばかりに焦点を当てています。「できなくなったこと」の話をするのではなく、「できていること」「できづらくなっていること」を話し合い、「どうすればその能力を維持していけるか」を考えていくべきです。「できていること」をただやってもらうだけでなく、「この先どうなっていくかを予測し、職員で共有する」、そしてその予測を踏まえてどのようにかかわっていくべきかを考えましょう。能力を維持することが、その人の生活の営みにつながるのです。

利用者の困りごとから、かかわり方を考えていくべきなのに、自分たちの困りごとから、かかわり方を考えている人がいます。利用者を話の中心に据えて、「本人の困りごと」「困っていないこと」を話していかなければなりません。

事例 31 「自分なら…」は、ただの主観！

ある介護職員が、次のように話していました。

自分なら、「今が楽しくなること」をやっていきたいと思っているので、要介護認定を受けている人たちにも、やれることをやってもらう生活を提供するのがいいと思います。それが、その人の生きがいや生活力の向上につながりますし、毎日を楽しく過ごしてもらうことにつながります。だから、できることはどんどんやってもらう。そのことが今の状態を維持することにつながるはずです。

今できないこと、できづらいことをできるようにすることで、その人の「今」が幸せになるのではないでしょうか。「自分ならどうされたいか」「自分なら何をしたいか」「自分がやられたら嫌なことは何か」を考えることで、利用者の思いや考えにも通じていくと思います。

かかわりのヒント

「自分なら…=利用者の気持ち」ではない

「自分なら…」という発言をよく耳にします。相手の気持ちを理解するために、自分に置き換えて考えているのでしょうが、結局はそれもその人の主観でしかありません。自分の主観で利用者と向き合うのではなく、利用者一人一人の生活に向き合わなければ、「自分の感性の押しつけ」でしかありません。

また、できることをただやっていく環境を作ることが「自立支援」ではありません。あくまでも自立支援は「これから先の生活」につながらなければなりません。「○○さんなら今の生活とこれから先の生活をどう考えるのか」と考えるようにしましょう。

自分はどの立場から利用者とかかわるのか

自分が介護・ケアの立場から利用者とかかわっているのか、福祉の立場から利用者とかかわっているのかを客観的に考えてみましょう。「介護・ケアから福祉へ」の考え方ができていれば、「自立支援ありき」ではなく「生活の営み支援」の重要性がわかると思います。

「利用者の今の生活と最期の生活」をつなげて考え、最終的に「人間は必ず死ぬ」といった事実に向き合うことで、優先すべきが「今だけなのか」「今を含めた今後の生活なのか」にたどり着くはずです。そうでなければ、ただ「病気や障害がない人と同じ生活を送ってもらう」というだけの観点でのかかわりなってしまいます。利用者が、何かしらの生活のしづらさ（生きづらさ）を感じていることを忘れてはいけません。

そもそも「今が楽しくなること」「やれることをやっていく」と考えるのであれば、介護保険のなかだけで考えるのではなく、もっと広い視野で考えることが必要なのではないでしょうか。

事例 32　家族への支援も大事！

脳梗塞の後遺症で左半身に麻痺があるJさん（50歳代）。ある日、交通事故に遭い、高次脳機能障害と診断されました。記憶障害と遂行機能障害が見受けられます。事故の前までは、片麻痺があっても自分で動けていたのですが、退院後は自分で動くことが難しくなり、家族の介護負担が大きくなりました。Jさんの奥さんは、できる限りJさんと一緒に自宅で生活したいと言っています。

Jさんが入院中にリハビリができていたことを知ったケアマネジャーは、機能訓練に熱心な事業所を利用し、Jさんができることを増やし、家族の負担を軽減して自宅での生活が維持できるようなプランを考えました。事業所での機能訓練は順調で、Jさんが自分でできることが増えてきました。そのことを家族に報告すると、家族も「これで自宅で生活できる」と安心していました。

ところが、しばらくするとケアマネジャーに「機能訓練は本当に順調なのですか。様子が全然変わらないのですが…」と連絡がありました。その後、家族の負担が大きくなったことで、当初の予想よりも早い段階でJさんは施設入所を選ぶことになりました。

かかわりのヒント

本人だけではなく、家族へのフォローも必要

なぜ、病院でのリハビリや事業所での機能訓練はうまくいっていたのでしょうか。Ｊさんの能力を引き出しているのは専門職です。事業所内でできたことだけを家族に伝えることで、家族は「家でもできる」と思ってしまったはずです。しかし、家族には専門職と同等の知識は当然なく、逆に「なんで家ではできないの!?」と混乱したのではないでしょうか。

「一緒に自宅で生活したい」が奥さんの希望ですので、**Ｊさんに「自宅でどのようにすればできるのか」を伝えるという家族へのフォローを怠っています。**その結果、「うちでは介護できない」と感じ、早い段階で施設入所を選択してしまったことになります。

訓練の結果だけでなく、どのように訓練したかを伝える

高次脳機能障害による記憶障害と遂行機能障害がある人の場合、専門職は、動作ごとに指示を出しながら生活動作や機能訓練をすることがよくあります。**「できるようになったことだけ」を伝えるのではなく、**指示の出し方、伝え方、相手にどのようにすれば「伝わるのか」を家族に伝えられていれば、家族の介護負担の軽減につながったはずです。Ｊさんだけではなく、Ｊさんと家族の「自宅での生活」とも向き合わなければなりませんでした。本人だけでなく、家族の意向も踏まえながら、「自宅生活の落としどころ」を想像し、サポートして行く必要があります。

介護職が家族にケアの方法を伝える際は、「やり方」ではなく「なぜそうするのか」という「根拠」を踏まえて伝えるべきです。また、家族は専門職ではないので、伝える際は専門用語を使わず、わかりやすい言葉で伝えるようにしましょう！

事例 33 そのタイミング、利用者に配慮できてる？

自分のタイミングでトイレに行くことができるKさん（90歳代）。排泄動作には問題がないと思われていますが、目が悪く眼鏡の度数も合っていないため、便器の淵が見えにくいらしく、周りに尿を飛ばしてしまうことが多々あります。そのため、次にトイレを使う人から文句を言われないように、職員はKさんがトイレから出てくると待ち構えていたかのように「清掃中」の札を出してトイレの確認、掃除を急いで行っています。

しばらくすると、Kさんはトイレに間に合わないことが増えてきました。よく観察してみると、自分からトイレに行く回数が減っています。そこで、職員は、Kさんが尿意を感じにくくなったのではないかと思い、Kさんにリハビリパンツとパットを使用してもらうようにしたところ、自分でトイレに行くことがなくなってしまいました。

かかわりのヒント

掃除のタイミングと方法を考える

Kさんがトイレを出ると、すぐに職員が掃除に入っています。確かに、トイレが汚れていると、**次の人に不快な思いをさせてしまう可能性はありますが、Kさんが不快な気持ちになるとは考えないのでしょうか。**

しかも、清掃中の札を出すのは、「トイレを汚しました」とみんなにアピールしているようなものです。Kさんは、「自分は職員に迷惑をかけている」「トイレに行くのを控えよう」と、トイレに行く回数を意図的に減らしているとも考えられます。トイレの回数を減らせば、当然今までよりギリギリの状態でトイレに行くことになり、間に合わなくなることも出てきます。**掃除のタイミングや方法を誤った結果、Kさんの自立を奪ったといえます。**

わかっていたのに、対応していなかったことがある

「目が悪い」「眼鏡の度数が合っていない」ことがわかっていたのであれば、眼科などで眼鏡の調整をするべきでした。また、**トイレ内の環境を変更することも考えられたのではないでしょうか。**たとえば、トイレの床が便器と同色系であれば、床に物を置いて立体感をつけてみるとか、照明の色や明るさを変えてみる、便器周辺の床だけ色を変えてみるなど、Kさん以外の人にも見えやすい状態にしてみるなど、いくつか方法が考えられたはずです。

自分たちが考えて実践できることもやらずに、リハビリパンツやパットを使用するというのは介護職として考えものです。トイレを汚さずに排泄行為が完結できるための方法を考えましょう。

掃除に限らず、タイミングは重要です。タイミングを間違えることでその人のプライドを傷つけてしまいます。また、必要なときにさりげなくフォローに入ることは、どんな場面でも重要になりますよ。

事例 34 現有能力だけの支援ではダメ!

混合性認知症（アルツハイマー型認知症と血管性認知症）と診断されているLさん（80歳代）は、日常生活において「どのくらい時間が経っているのか」が自分ではわかりづらく、また、自分から片付けができにくい状態です。もともと大工としてずっと働いてきたこともあり、力仕事やノコギリなどの工具を使った作業は問題なくできます。そのため、工具を使った作業をしてもらうことで、今持っている能力を維持することとしています。

作業に入るときは、必要な道具をLさんが自分で選んで持ってきて、作業を進めていきます。作業が始まると、職員が時間の声かけをするまで集中して作業し続けています。声かけすると「もうそんな時間か」と作業を終え、そのまま自室に戻って横になり、入眠するという生活です。

このとき、職員は今の時間を伝えるのと合わせて、「お疲れさまでした。助かりました。後はやっておきますからゆっくり休んでください」と声をかけています。

かかわりのヒント

具体的な数字で伝える配慮が必要

Lさんは、「時間の経過感覚」が自分ではわかりにくい状態です。どのくらい時間が経っているのかがわかりづらいLさんに「ゆっくり休んでください」と声かけすると、「どのくらい休んでいたのか」や「どのくらい休めばいいのか」と不安を与える可能性があります。

本来であれば、「7時まで休んでください」など具体的な時間を伝えることが望ましいのに、「現有能力をただ発揮すればいい」自立支援となってしまっています。

利用者の発言や行動から、潜在能力を探ろう

Lさんは、職員に声をかけられたときに「もうそんな時間か」と答えているので、「そんな時間＝作業を終える時間」であることは理解できているようです。ということは、時間がわかる位置で作業をすれば、自分で時間を確認しながら進められるのではないでしょうか。

また、必要な道具を自分で持ってきているのであれば、「道具をもとの場所に置いてください」という声かけで、片付けにつながる可能性があります。こちらのはたらきかけ次第で、この時間を確認した行動と片付けができるという2つの潜在能力を引き出せるのではないでしょうか。

潜在している能力は、引き出し、そして発揮してもらわなければ失われてしまいます。失われる前に適切に引き出すためには、どのようにかかわるのがよいかを考えなければなりません。利用者の発言や行動をヒントに探りましょう。

潜在している能力を適切に発揮してもらえるようにかかわらなければ、その能力は失われ、現有能力にも影響します。「潜在している能力への自立支援」が「現有能力の自立支援」の幅を広げていくのです。

事例 35 終末期で苦しそう…だからしっかりかかわろう！

終末期に入ったMさんは、本人と家族の希望で「看取り対応」となり、終日ベッド上で過ごしていますが、普段からとても辛そうにしています。

Mさんは、そんな苦しそうな状況のなかでも食事をしたいという思いが強く、食事介助は必要ですが、ムース食を一生懸命食べようとしています。しかし、数口食べると苦しさが増して、もう食べられないと顔を背けてしまいます。また、自分では動くことができないため、呼吸が苦しそうなときに介護職が体位交換をしていますが、苦しさが軽減することはないようです。

そのため、介護職は、「体位変換すると逆に苦しそうだから」と、短時間でできる必要最低限のかかわりだけを行うようにし、極力体動がないようなかかわりをすることにしました。しかし、そのかかわり方を見ていた家族から、「逆に苦しそうなのでもう何もしなくていいです」と言われてしまいました。

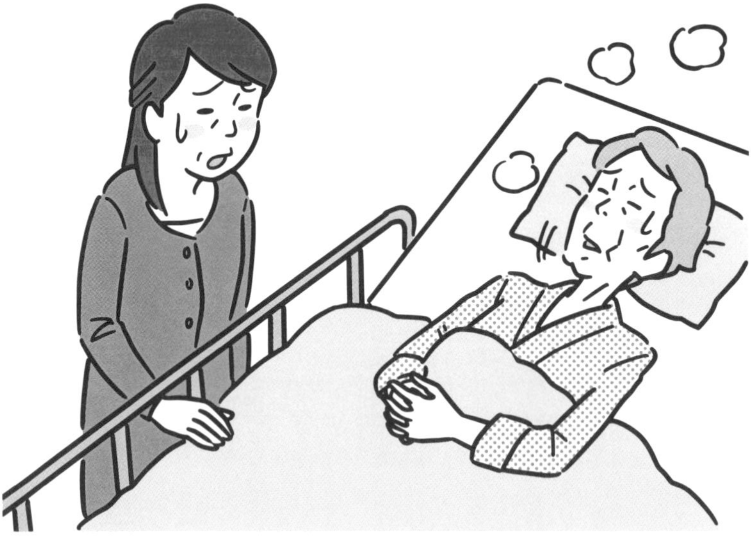

かかわりのヒント

苦しさの原因はすべて「終末期だから」なのか

Mさんの苦しさのすべてが終末期だからなのでしょうか。

普段から辛そうということは、呼吸をするだけでも苦しい状況ということです。自分でできていることをどうすれば少しでも楽に行えるのかを考えてかかわらなければなりません。まずは、提供する姿勢を見直してください。望ましい姿勢保持ができることで、Mさんの辛さは軽減されるはずです。「苦しそうだから」「必要最低限のかかわりだけ」との考えで、「極力体動がないようなかかわりをする」という介護職の勝手な思い込みが、終末期の現状をより苦しめている可能性に気づきましょう。

家族の「気持ち」にも配慮できるようなかかわりが大事

家族が苦しんでいるのを見るのは辛いものです。その思いが、「苦しそうなのでもう何もしなくていいです」という言葉に如実に現れています。

介護職は、介護のプロです。そのプロが「苦しそうだから必要最低限のかかわりを」と思い込み、望ましくないかかわりをした結果、自分の家族がさらに苦しんでいるのを目の当たりにしたら、家族はどう思うでしょうか。

介護のプロとして、Mさんが少しでも長く穏やかな時間を過ごせるようなかかわりが求められます。そのためには、いつもより「丁寧にゆっくりと望ましい介護技術」でかかわることが大切です。

人生の最期に向かっているときに、介護職のかかわりが本人や家族にさらなる苦しみを与えることがあってはなりません。

望ましくない介護技術や誤ったかかわりは、利用者に苦しむ時間を与えることになります。利用者にかかわるすべての人が一丸となって、自立支援ありきではなく「生活の営みの継続」にかかわりましょう。

第3章

事例で学ぶ「本来の自立支援」の実践

成功事例

1 一人暮らしの継続を希望する利用者へのかかわり

利用者情報

- Aさん（60歳代、男性）、要介護2
- 生活環境：自宅で一人暮らし、身寄りなし
- 診断・既往歴等：知的障害、認知症（アルコール性・前頭側頭型認知症の疑い）、アルコール依存傾向あり、脳梗塞既往あり
- 服装：肌を締め付けるようなピチピチのものを好み、女性用のホットパンツをはいて外出する。靴のサイズが合っておらず、すり足で、姿勢も悪い状況で歩いている。
- 行動：お酒を買いに行くこと、スナックなどに行くことはできる。

来所の経緯

以前利用していた通所介護（デイサービス）では、レクリエーションを中心にさまざまな取り組みを施設内で行っていた。また、訪問介護（ホームヘルプサービス）では、訪問介護員（ホームヘルパー）が生活の「すべて」をやってあげる状況であった。それにより、自宅生活での依存が強くなり、両事業所共に変更となり、当事業所を利用することとなる。

Before 当初のAさんの様子

以前の訪問介護を利用していたときは、「やってもらう」のが当たり前だったため、利用開始時のＡさんは、「やってもらう」のを座って待つ状況でした。周囲のほかの利用者が自ら行動しているのを見ることで、自分も動かなければならない状況なのだと察してイライラすることが多く、会話をすることもほぼありませんでした。当事業所の職員が「一緒にやりましょう」と声をかけても、「今までは全部ヘルパーさんがやってくれた」と自ら動くそぶりもなく、イライラすることが多々ありました。

また、外出時は、Ａさんの服装のせいで周囲の人に避けられ、トラブルになることがありました。

Aさんの思いは…

自分でやるのはめんどくさい。やってもらうのが当たり前。なぜ自分でやらなくちゃいけないんだ（怒）

まずは、自宅で一人暮らしを続けたいのか、Aさんの気持ちを確認しましょう。一人暮らしを続けるには、「生活力の向上」が不可欠です。そのため、Aさんに「自分でできることを増やす」ことの意味を理解してもらう必要があります。

だから、こうかかわった！

①今の生活を続けるためには、「自分でできることを増やし、それを維持することが必要」ということを、「自分でできないことが増えていくと一人暮らしが厳しくなる」ことを踏まえてじっくりAさんと話し合いました。

②①と同時に、Aさんが「一人でできる自信」をもてるように、まずは「できること」に一緒に取り組んでいくことにしました。

③食事の準備・片付け、テーブル拭きといった「食」に関することから取り組むことにしました。

④一人で調理することが難しくても、レンジで温めて食事ができるように「メンバー全員のお弁当を温める」ことをAさんの役割としました。

⑤地域との関係の悪化や外出先でのトラブルを避けるため、服装などの身だしなみも一緒に考えました。

⑥なぜアルコールに依存してしまったのかを考え、依存から抜け出せる方法をAさんと一緒に模索しました。

このような通所介護でのかかわりが、「自宅での生活」につながる必要があります。そのため、訪問介護の際にも同様のかかわりができるようにケアマネジャーに依頼し、通所・訪問の両サービスで連携してAさんにかかわっていきました。

After　その後のAさんの様子

①通所介護での様子

昼食の時間が近づくと利用者全員分のお弁当をレンジで温めたり、帰宅前はほかの利用者と協力して事業所内を掃除したり、周辺地域に向けた掲示板を書いたりと、自発的な行動が増えました。また、ほかの利用者が帰宅する際の送迎車までの誘導なども行っています。

服装はTPOにあったものを着られるようになりました。歩行は、靴のサイズを見直したことで、すり足歩行の改善と安定した歩行状態が維持できるようになりました。

②自宅での生活の様子

訪問介護員と一緒に調理をしたり、一人で洗い物をしたりするようになりました。レンジが使えるようになったことで、事業所が休みの日にもレンジを使って一人で食事ができています。なにより、口癖のように言っていた「今までは全部ヘルパーさんがやってくれた」という発言がなくなり、逆に「自分でやればいいんだ!」と明るく話すことが増えました。

③アルコール依存傾向について

Ａさんとの会話のなかで、一人暮らしの寂しさを紛らわせるために、また、やることがないときの時間つぶしのために飲酒することが考えられたため、いつでも事業所に遊びに来られるように調整しました。靴の調整後には、サービス利用日でない日にも事業所まで歩いて遊びに来るようになり、少しずつお酒の量も減っていきました。その後、頑張ったご褒美で時間外に職員と飲みに行く日を作ったところ、自分の「存在価値」を知り、アルコール依存傾向から抜け出すことができました。

Aさんの思いは…

一人暮らしができなくなったら困るから、やれることは自分でやらないと!

Aさんへのかかわりの流れ

Before

利用者の思い

今までは全部ヘルパーさんがやってくれた。

自分でできるじゃん! 自分でやればいいんだ。

一人暮らしを続けられるよう「自分でできることを増やす」ことの意味を理解してもらい、できることが「役割」となるようにかかわる。

介護職のかかわり

自分でできることの必要性を話す。

「できること」に一緒に取り組んでいく。

服装や歩き方、アルコール依存症から抜け出す方法を一緒に考える。

自主性が向上し、送迎者の誘導やメンバーの帰宅準備の手伝いを率先して行ってくれるようになった!

After

人とのかかわりを通して、Aさんは自分の存在価値を認識することができました。一人暮らしをしている以上、ふとしたときに感じる淋しさは完全には払拭できないため、それ以上に「一人ではない、役割のある生活」をAさんが実感できるようなかかわりを継続することが重要です。

成功事例 2

自宅での生活を望む利用者へのかかわり

利用者情報

- Bさん（78歳、女性）、要介護2
- 生活環境：アパートの2階で一人暮らし。娘が近所に住んでいる。退院後は、Bさんの介護をしていた。
- 診断・既往歴等：アルツハイマー型認知症、骨粗鬆症、転倒による右大腿骨頸部骨折（人工骨頭置換術）と鎖骨骨折

来所の経緯

部屋の仕切りでつまずき、転倒による骨折で入院。そのときに受けた検査で、認知症と診断される。リハビリが終わり自宅に戻ると同時に、通所介護を週2回利用し始めたものの、その事業所では、骨粗鬆症による骨折予防のため、座って生活するように勧められる。それによってBさんの気力が減退し、在宅生活が厳しいと判断される。本人は、「施設には入りたくない」と当事業所に変更し、通所介護を週4日利用することとなった。

Before 当初のBさんの様子

当事業所にやってきた直後のBさんは、自宅アパートの階段で手すりにつかまりやっとの思いで上り下りしている状況でした。「○○をやってみませんか？」と声をかけても「何もできなくなっちゃったから…」とうつむき、食事もあまり摂ることなく、体力の低下がはっきりわかる状況でした。「せめて少しでも動きませんか？」と声をかけても、「また転んだら娘に迷惑かけるから動きたくない」と、ほとんど座ったままの生活となり、階段の上り下りどころか、自宅での生活にも限界が見えていました。

娘さんは、「施設には入りたくない」というBさんの思いを知っているので、これまで通りBさんが自宅で生活できることを望んでいます。

Bさんの思いは…

いつまで自宅で暮らせるのだろう。転んで骨折したことで、娘に迷惑をかけている…。

Bさんと娘さんの思いの共通点を探すことに重点を置きました。母娘の気持ちのズレをなくし、「生活できる」という自信をBさんに取り戻してもらうために、段階を踏んだかかわりが大切になります。

だから、こうかかわった!

①Bさんと娘さんそれぞれと話をして、「共通の思い」を探しました。

②「母親が転ぶことで、施設に入ってしまうことが一番嫌だ」という娘さんの思いをBさんに知ってもらい、そのためにはどのような生活にしなければならないかをケアマネジャーを交えて話し合いました。

③しばらくの間は、娘さんの時間があるときにBさん宅に行ってもらう、もしくは電話でその日のBさんの状態を聞いてもらうようにお願いをしました。

④少しでも食べて栄養状態が回復に向かうように、また、「動く」ことが習慣になるように、日常生活動作と「外で歩く」ことからはじめてもらいました。

⑤一人で暮らせることがBさんの最終目標なので、まずは職員が調理や洗濯などの家事をやり、Bさんが自分から「手伝おうか」と言ってくれるのを待ちました。手伝ってくれるようになると、Bさんにお任せして、その場を離れるようにしました。

⑥「手伝おうか」の言葉が出てからしばらくは、日常生活動作の活動と外での活動を中心に取り組みました。

⑦ほかの利用者と協力して作業してもらい、Bさんがその中心になれるように、本人に気づかれないように誘導的にかかわりました。

⑧通所介護の利用回数を、当初の週4回から最終的に週1回にすることを目標に、徐々に回数を減らしていきました。

After　その後のBさんの様子

①自宅と通所介護での様子

来所日の準備を自分でするようになり、階段の上り下りも、手すりを握らずにできるようになりました。しかし、娘さんは階段での転倒を心配していたので、「娘さんに迷惑をかけたくないのなら」と、手すりを握った昇降を心掛けてもらいました。

通所介護での活動に関しては、日常生活動作は自分で考えて動けるようになりました。また、外での活動に買い物と金銭管理も入れたところ、生活への自信が回復しました。自宅でも、掃除・洗濯・食事の支度・入浴の全てを自分でできるようになるまで改善したため、通所介護の利用日を減らしたところ、利用日以外に近くのスーパーに買い物に行けるようにもなりました。手すりを握って階段の上り下りをするという娘さんとの約束も守れています。

②一人暮らしの再開

介護保険の更新に伴う調査で、要介護2から要支援1になったことで、さらに生活への自信が戻り「一人で暮らせる」との思いが強くなりました。認知症に対する娘さんの心配をBさんに伝えたところ、Bさんも納得し、娘さんの理解と協力を得て何かあれば遠慮なく連絡をしてほしいことを伝え、介護保険から卒業して「一人暮らし」を再開しました。

それから数か月は、Bさんから電話がかかってきましたが、時折、送迎中に買い物や散歩途中のBさんを見かけるようになり、お互いに手を振って挨拶するようになったのを境に、電話はなくなりました。このことで、Bさんは自宅で生き生きと元気に暮らしていることがわかりました。

Bさんの思いは…

これで、娘に迷惑をかけなくてすむし、施設に入らなくてすんだ。また、何かあったら通うから助けてね！

Bさんへのかかわりの流れ

Before

利用者の思い

また転んだら娘に迷惑をかけるから動きたくない。

また何かあったら通うから助けてね。

「生活できる」という自信をBさんに取り戻してもらう。困ったときの拠り所となれるようなかかわりを継続する。

After

介護職のかかわり

Bさん、娘さんそれぞれと話す。

簡単な日常生活動作、外に出て歩くことからはじめてもらう。

自信の回復と合わせて、通所介護の利用回数を減らす。

介護保険を卒業し、一人暮らしを再開!

介護保険を卒業すると事業所としてのBさんとのかかわりがなくなってしまいます。「街で見かけたときやイベントなどを行う際は声をかけ、時間があれば話をする」ことで、困ったときの拠り所がある安心感につながるかかわりを継続していくことが必要だと思います。

成功事例 3
地元に帰って夫婦で暮らすことを希望する利用者へのかかわり

利用者情報

- Cさん（71歳、女性）、要介護2
- 生活環境：夫（要支援2、脳梗塞後遺症により右手に極々軽度の麻痺あり）とともに息子夫婦と同居。
- 診断・既往歴等：軽度認知症
- 備考：地元の九州で息子夫婦と同居していたが、息子が関東に転勤となり、夫と2人暮らしとなる。夫の面倒は自分が見ると頑張っていたが、Cさんに物忘れが見られるようになり、軽度認知症と診断される。特に生活に支障はないが、息子は認知症の診断に強い不安を抱き、2人を関東に呼び寄せ、同居が始まる。

来所の経緯

息子夫婦は共働きのため、日中はCさん夫婦で同じ通所介護を利用していた。2年ほど経つと、Cさんは怒鳴ることが増え、ほかの利用者からのクレームが続いて、利用を断られた。ほかの通所介護を探すも、Cさんの現状を話すと断られてしまう。家族は、施設入所はさせたくないと、通えるところをインターネットで探し、当事業所を利用することとなる（空きが出るまで2か月待ってもらった）。ケアマネジャーからは夫婦一緒の利用を打診されたが、状況からCさん一人の方がいいと判断した。

Before 当初のCさんの様子

空きが出るまでの2か月の間に、怒鳴るだけでなく、自宅で食事を「これじゃない」とひっくり返したり、「家に帰る」と昼夜関係なく外に出て行ったりという状況に変わっていました。

通所介護の利用中は、特に食事の際にイライラしている様子でしたが、怒鳴ることはありませんでした。活動中は、「家に帰りたい」「こんなことしていられない」と常にソワソワしているか、息子さんの文句をほかの利用者に話している状況でした。

家族によると、「ただいま」と言いながら通所介護から帰ってきても、時間が経つと「家に帰る」と言い出すことが増えているとのことでした。

Cさんの思いは…

こんなところに来ている時間はない、早く帰らせてほしい。ここに来ることは、息子が勝手に決めた（怒）

なぜほかの通所介護は、Cさんの怒りの矛先が息子さんに向いている理由や、ご主人と二人で暮らしていたときのCさんの生活の様子を知ろうともせずに、利用を断るのでしょう。

だから、こうかかわった！

①息子さんに、Cさんが元々どのような生活をしていたかを詳しく聞き、今の生活との違いを把握しました。

②①で聞いた元々の生活に当てはめて、Cさんが「家に帰りたい」と言っている理由を予測しました。

③②で立てた予測に対し、今現在の現有能力・潜在能力がどの程度かを把握し、それらを引き出せる活動を用意しました。

④②と③を踏まえてCさんと話した結果、イライラしたり怒ったりするのは、旦那さんの面倒を自分で見たいからで、特に食事に関しては自分が作ったものを食べてほしいからということでした。また、「家に帰る」というのは、地元（九州の家）を指していることがわかりました。

⑤ケアマネジャーにケアプランの目標に「地元に帰る」と入れてもらうように交渉しました（ケアマネジャーは期間限定の帰省と受け止めていた）。

⑥Cさんに、「地元に帰って生活できるように」と希望をもってもらい、以前の夫婦2人暮らしに近い生活を、通所介護での活動に落とし込みました。

⑦家族とケアマネジャーに現状を伝え、Cさんが地元に帰ることを見据えて、Cさん夫婦と息子さん夫婦で自宅内での生活を分けてもらえないかお願いし、家族にCさんの状況を見て判断してもらいました。

⑧家族から、「以前の母にしか見えない」という言葉が出たタイミングで、家族、ケアマネジャーと一緒に「地元に戻れる可能性」について話し合いました。

After　その後のCさんの様子

①自宅と通所介護での様子

旦那さんに自分のご飯を食べてもらえる喜びと、二人の時間で生活できるようになったことで生活リズムが整い、自宅でも通所介護でも食に関する怒りと「帰る」という言葉がなくなりました。通所介護では、ほかの利用者に息子さんの文句を言うこともなくなり、穏やかな表情で冗談を言ったり、困っている利用者の手伝いをするようになりました。**Cさんと一緒に、地元に帰ることを目標に設定し、それに向けて努力したことが生活力の改善につながったといえます。**

②「地元に帰る」という目標に向けて

Cさんと息子さん夫婦で話し合ってもらい、「帰省」ではなく「地元に戻って2人での生活を再開する」ことになりました（何かあればまた関東に来てもらうことを条件に話し合ったとのこと）。ケアマネジャーは驚きつつも、本人と家族で決めたことなので納得しました。しかし、不安が全て消失したわけではないため、①地元で訪問介護など、何かしらの介護サービスでのかかわりを継続すること、②近所の理解・協力を得ること、についてケアマネジャーが調整してくれました。もちろんCさん夫婦・息子さん夫婦も納得してのことです。

これらの環境が整ったことで、関東にきてから3年半で地元での生活に戻ることができました。このときには、Cさんは要介護2から要支援1にまで改善していました。

地元に帰れたことがゴールではなく、そこからが「生活の営み」の再スタートになるので、このかかわりが正しかったのかどうか、正直わかりません。しかし、地元に帰ってからしばらくして、Cさんの息子さんから「両親ともに楽しそうに元気に生活しています」という連絡がありました。

Cさんの思いは…

自分でできることはやらないとダメになるのね。これで地元に帰れるかしら

Cさんへのかかわりの流れ

Before

利用者の思い

こんなところに来たくないのに、息子が勝手に決めた！ 早く帰りたい！

夫婦２人暮らしができて満足。

Cさんが「家に帰りたい」という理由を探り、地元に帰って生活することを目標にしたかかわりをする。

After

介護職のかかわり

Cさんと話して、イライラの理由を探る。

ケアプランの目標に「地元に帰る」と入れてもらう。

以前の２人暮らしに近い生活を、通所介護での活動に落とし込み、自宅での生活につなげていく。

息子さんの文句を言うこともなくなり、穏やかな表情になった！

「帰省」を最終目標にしていたら、ここまでの改善は見られなかったと思います。本人の努力はもちろん、家族とケアマネジャーの理解、協力があったからこそかもしれません。「もう無理と決めつけるのは本人ではなく周りの人」だということを再確認した事例でした。

成功事例 4

自宅での転倒が多い利用者へのかかわり

利用者情報

- Dさん（86歳、男性）、要介護3
- 生活環境：家族（妻、娘夫婦、孫2人）と同居
- 診断・既往歴等：アルツハイマー型認知症、下肢機能低下、末期がん
- 備考：自宅での転倒が多いが、自分で歩くことは可能で、一日一回は散歩に行く。子どもの頃から住んでいる地域のため、迷うことはなく、外での転倒はほぼない。

来所の経緯

散歩中にベンチの前で倒れていたところを近所の人に発見される。そのことで家族会議を開き、通所介護の利用を検討した。本人は、「あんな子どもみたいなことができるか」と言っていたが、ケアマネジャーに「あそこなら大丈夫」と勧められて契約。契約時も「行かない」と言っていたため、事業所としては、時間をかけてかかわろうとしていた。ところが、契約後の初の利用日に家族に無理やり連れてこられた。

Before 当初のDさんの様子

無理やり連れてこられたDさんは、転倒による傷が顔面の左側に多く、さらにその日も転倒して額から流血したそうで、怒ったような表情でした。そのため、看護師に傷口の処置をしてもらい、まずはここが何をするところかを見てもらい、興味があれば参加してもらうようにしました。午後には、ほかの利用者と一緒に畑に行く活動に参加していました。(初日)

週2回（月・金）の利用だったはずが、翌日に「今日も来ていいんだろ?」と自ら歩いて事業所にやってきました。このとき、前日にはなかったところに新しい傷ができていました。家族に連絡したところ、散歩に行くと言って、いすから立ったところで転倒したとのことでした。その日は、そのままほかの利用者と一緒に活動をしていました。(2回目)

生活動作や歩行に関しては、特に気になる点はありませんが、座位姿勢と立ち上がり動作で支障が出ている状態が見受けられました。

Dさんの思いは…

なんで子どもみたいなことをするところに行かなくちゃいけないんだ。無理やり連れてこられて怒りが収まらない…。が、畑作業ならやってもいいかな。（初回）怪我をしていても歩いてこられるし、ここになら来てもいいか。（2回目）

ケアマネジャーは、転倒だけに目を向け、Dさんの座位姿勢や立ち上がりの動作に問題があるとは全く思っていなかったようです。ほかの原因にも目が向いていないので、「生活動作内」での行動については当然考えられないだろうな…。

だから、こうかかわった！

①事業所には「気が向いたら遊びに行く」という程度でもよいことを伝え、無理に通う場所ではないと認識してもらいました。

②Dさんの家族は、「契約したから、行かないと迷惑をかける」と思っていたので、家族にも無理に通わなくてもよいことを伝えました。

③Dさんの通所介護に対するイメージを払拭できるよう、「慣れるまで」や「様子を見ながら」ではなく、ほかの利用者がしていることで興味があれば、すぐに参加してもらうようにしました。

④生活動作内で、Dさんが転倒しやすい動作がないか探しました。

⑤転倒の原因は、座位姿勢と立ち上がり動作にあることがわかりましたが、Dさん本人は問題ないと思っていたので、「どうするべきか」をその都度伝えました。

⑥機能訓練のなかで転倒予防をするのではなく、日常生活動作内で望ましい動作を伝え続けました。

⑦家族とケアマネジャーに転倒の原因を伝え、自宅でも協力を依頼しました。

⑧Dさんが立ち上がり動作をどのように認識しているかを知り、必ず「声かけでのケア」を行うようにしました。

After　その後のDさんの様子

①通所介護での様子

生活動作内で座位姿勢は改善し、自分で姿勢保持できるようになりましたが、声かけがないとスムーズには立ち上がれず、歩き出しの際に転倒するリスクがありました。Dさんは、立ち上がりの動作を伝えた声かけによってスムーズに立ち上れることを「マジック」と認識していました。転ばない立ち上がり動作を覚えておくのは難しいものの、立ち上がろうとする際に「認識」している声かけをして「マジックですよ」と伝えると転倒することもなくなり、自らやりたい活動に取り組むようになりました。家族にも伝え、自宅でも同様のかかわりをしてもらいました。

②自宅での様子

しかし、転倒が完全になくなったわけではありません。通所介護では、「声かけのケア」が常にあるため転倒しないのですが、自宅で家族が出かけているときなど、「声かけのケア」がないときには転倒することがあります。ただし、望ましい動作を続けることができていたため、下肢筋力の機能向上につながり、転倒するときもゆっくりと倒れるようになり、大きな怪我をすることがなくなりました。

がんの進行と同時に認知症の進行もありましたが、通所介護と自宅での生活に活動が増え、日課の散歩も継続することができていました。そして、亡くなる直前まで自分でトイレに行くことができていました。

Dさんの思いは…

「子どもみたいなことをやるところに行けるか」と思っていたけれど、行ってよかった。近所の仲間に「一緒に行こう！」と誘いの電話をしておこう！

Dさんへのかかわりの流れ

Before

利用者の思い

なんでこんなところに来なきゃいけないんだ!

介護職のかかわり

Dさん、家族に無理に通わなくてもいいことを伝える。

まずは、通所介護の活動で、興味があることがあれば、参加してもらう。

同時に、座位姿勢や立ち上がりの姿勢を生活動作のなかから改善していく。

転倒の原因にもつながる座位姿勢や立ち上がり動作を日常生活動作のなかから改善する。家族にもそのことを伝え、チームとしてDさんにかかわる。

After

行ってよかった。近所の仲間も誘ってみよう!

転倒することが激減し、自らやりたい活動に取り組むようになった。

家族の協力がなければ、Dさんの怪我が減ることはなかったと思います。Dさんが「立つ動作」の記憶をどのように「認識」しているのか、Dさんに「伝わる」言葉を生活の中で探すことができ、職員だけでなく家族ともチームとして共有のかかわりができたことがよい結果につながりました。

成功事例 5
息子のために自宅復帰を目指す利用者へのかかわり

利用者情報

- Eさん（84歳、女性）、要介護4
- 生活環境：息子（50歳代、統合失調症の診断あり）と2人暮し。夫は11年前に死去。
- 診断・既往歴等：認知症、糖尿病、高血圧、麻痺なし

※ケアマネジャーからのフェイスシートには、現病歴として、アルツハイマー型認知症、麻痺なし、高血圧と記載あり。

- 備考：息子は家事をすることが難しく、家のことはEさんが行っている。

来所の経緯

認知症の診断後、数年は介護サービスを使わずに生活してきた。徐々に握力がなくなってきたこと、短期記憶の維持と今までできていたことができづらくなったことから、機能訓練に特化した通所介護を利用しはじめる。しかし、両手の握力がなくなってきて、左手が自然と握り込まれることが多くなり、「運動はできない」と感じ、辞めてしまった。その後、しばらく自宅で生活していたが、生活にも支障が出てきたことが明らかで、ケアマネジャーからの依頼で当事業所を利用することとなる。

Before　当初のEさんの様子

当初のEさんは、鉛筆で文字を書こうとしても線を書くのも難しい状態でした。また、認知症による記憶障害によって不安そうな表情で生活をしていました。何をやるのも、「できなかったら恥をかくから」とモチベーションが低く、ボーっとしていることがありましたが、「家にいる息子のことが心配」とよく話していました。

Eさんの思いは…

できないところを見られて恥をかくくらいなら、何もしないでおとなしくしていよう。でも、このままだと息子はどうなってしまうのだろう…

Eさんが抱える生活への不安のなかで、一番のウエイトを占めている部分は何か。この部分を探り、その不安を少しでも軽減するために、どのような生活が必要か、そしてそのために望ましい動作を日常生活動作でどう引き出していくのかが求められます。

だから、こうかかわった!

①息子さんのためにどうしたいかをEさんと話し合いました。

②①のEさんの思いをかなえるため、Eさんが「恥ずかしい」と思わないように一緒に活動に取り組み、「わかりづらい／できづらい、わからない／できない」という部分を「自分でできた」と思えるようにそっとサポートしました。

③フェイスシートの「麻痺なし」という記載から、脳梗塞の既往があると疑い、身体状況の観察とともにケアマネジャーに過去の情報を再度集めてもらいました（その後、過去に軽い脳梗塞を起こしていたことが判明）。

④③で集めた情報をもとに、健側と麻痺側へのアプローチとして、生活動作内での誤用・過用による二次障害へのリスクをその都度Eさんに説明しました。

⑤血管性認知症を疑い、「まだらな記憶障害」と「麻痺側の緊張緩和」への対応を徹底しました。

⑥Eさんが誤った動作や努力性が高い動作で活動しているときは、「できていた」としてもその動作をやめてもらい、かわりに負担のない動作を伝えました。

⑦再度、脳梗塞を起こさないように血圧変動や排便状況に注意しました。

⑧息子さんへの不安をケアマネジャーと共有し、息子さんの生活状況にも気を配りました。

⑨Eさんに潜在している能力を一つひとつゆっくりと発揮してもらえる活動を増やし、通所介護での一日を成功体験で終えられるようにしました。

After　その後のEさんの様子

①自宅と通所介護での様子

成功体験で一日を終えるかかわりをするようになって、Eさんに自信が戻ってきました。それまでできていたことも改めて動作から見直すことで、鉛筆でしっかりと文字を書けるようになり、麻痺側の手の動きが改善しました。左手が握り込まれることもなくなり、Eさんから「体が楽になったのよ」という言葉が聞かれるなど、筋緊張が軽減できていることがわかりました。自宅でも通所介護でも、家事全般ができるようになり、できないことも「なぜできないのか」を考えて行動できるようになりました。

また、万が一、自分がいなくなったときに一人残される息子のことを考え、自分が抱いていた不安を一つずつ解消していきました。「書類にサインができるようになってよかった」と言うことが多々あり、文字を書けるようになったことがEさんの安心につながったことがわかりました。

認定調査でも、長年、要介護4だったのが要支援2まで改善しました。残念ながら、4年後、冬場に自宅のトイレで脳梗塞を再発して入院し、要介護2となりました。後遺症の症状として麻痺が少し強く出てしまったため、入院前よりも生活動作から「誤用・過用」が起きないように、「かかわりのある自立支援」で3年間状態維持した生活を送られました。

②「また通うから」は叶わず…

出会って8年が過ぎた頃、Eさんの状態に変化が見られたので受診を勧めたところ、循環器系の病気が見つかり、入院することになりました。

息子さんやケアマネジャーからは、「『早くよくなってまた通うから』と頑張って治療を受けています」と聞いていましたが、進行が早く、残念ながらEさんが退院して再度通えることはありませんでした。

Eさんの思いは…

息子のことは心配だけど、準備ができたからこれで少しは安心して旅立てる。もっと早く通えばよかった!

Eさんへのかかわりの流れ

Before

利用者の思い

できなくて恥をかくくらいなら、何もしないでおこう。でも私がいなくなったら息子はどうなるんだろう。

Eさんの一番の心配事(息子さんのこと)を軽減するために、どのような生活が必要かを考える。「自分でできた」を体感してもらい、自信につなげる!

介護職のかかわり

何を一番心配に感じているのかを確認する。

Eさんが恥ずかしさを感じないように、職員がそっとサポートする。

誤用・過用のリスクを伝え、できている動作についても、負担のない動作へ改善する。

After

息子のことは心配だけど、これで少しは安心。もっと早く通えばよかった!

成功体験で一日を終えるようにしたことで、Eさんに自信がついた。

介護度の改善は、事業所の評価ではなく、あくまでも本人が生活のなかで頑張ってきた成果です。「生活の営み」の継続とは、改善できた後の生活がどのように豊かになっているのか、改善したことを「少しでも長く維持できるか」ということであると、改めてEさんは教えてくれたのだと思いました。

成功事例 6

手づかみで食事をする利用者へのかかわり

利用者情報

- Fさん（80歳代、女性）、要介護3
- 生活環境：グループホームに入所
- 診断・既往歴等：アルツハイマー型認知症、糖尿病、左目弱視、転倒による骨折2回
- 備考：食事は自分で食べることができるが、それ以外は介助が必要。排泄はトイレに誘導している。一日のほとんどの時間を食堂で座って過ごしている。

かかわった経緯

Fさんが入所しているグループホームから、「入居者が重度化して職員が疲弊しきっている。現状を改善できる方法はないか」「自分たちではどう対応すればいいか難しいと感じている利用者を見てほしい」と相談を受け、定期的に入居者の生活を見させてもらっている。その際に、食事をしているFさんの座位姿勢が気になり、かかわることとなった。

Before 当初のFさんの様子

Fさんは自分で食べることができるので、配膳は職員が行い、お盆に乗せた箸、スプーン、フォークからFさんがどれを使うか選んで、食事をしています。Fさんは必ずフォークを選び、フォークを使って食べているのですが、しばらくすると手づかみで食べはじめてしまいます。むせ込むことが多く誤嚥の危険性が高いため、職員は近くで見守り、Fさんが手づかみで食べはじめると急いで止めに入って、その後は食事介助をしています。

食事以外の場面では、転倒による骨折が2回あるということで、立ち上がりや歩行などは、転倒予防のため職員が必ず介助に入るようにしています。

Fさんの思いは…

どうして自分で食べちゃいけないの？ 自分でできるのに…

自分でフォークを選んで食べているのに、なぜ途中から手づかみになってしまうのかを考える必要があります。その際に、「食べるという動作」以外にも何か原因がないかを探していかなければなりません！

だから、こうかかわった！

①食事中のFさんに、食事を中断してもらいました。

②職員にFさんの後ろに立ってもらって、何か気づくことがないかを聞きました（姿勢が崩れた状態で座っていることに気づく）。

③②で気づいた点を踏まえて、Fさんにつらくないかを聞いてもらいました（「つらい」と返答あり）。

④つらい原因が姿勢にあることをFさんに伝え、座位姿勢を直させてもらいました（いすに深く座っていたので浅く座り直してもらい、傾いている方の座面をバスタオルで少し上げ、背もたれ部分にある隙間もバスタオル等を使用し支えた）。

⑤配膳トレーをFさんが見やすいように右側寄りに配置して、Fさんの体に少し近づけました。

⑥Fさんが自分で立ち上がれない、一人で歩けない理由をFさん本人と職員に伝え、どこを改善すればよいのか「座れているからではなく、座位姿勢保持の重要性」を具体的に見てもらい、かかわりの継続をしてもらいました。

⑦立ち上がりや歩行の際は、すぐに介助に入るのではなく、心配ならまずはFさんが見づらい左側に立って、何かあったらすぐに支えられるようにしてもらいました。

After　その後のFさんの様子

①食事の様子

座位姿勢を修正したあと、Fさんにお礼を伝えて食事を再開してもらいました。すると、いつもフォークで食べているというFさんが箸を持ち、反対側の手には茶碗を持って、きれいに完食していました。また、しっかりと顔を上げ、一度もむせることなくお茶を飲んでいたため、職員は、とても驚いていました。

Fさんは「手で食べるのはよくないとはわかっていたのだけど、食べたいのに姿勢がつらいから手で食べるしかなかったの。自分で姿勢を直せなかったから…。もっと早く姿勢を直してほしかったわ!」と話してくれました。

②一人でできることがあった!

その後、Fさんがテーブルに手をついて立ち上がり、歩き出したため、職員は「危ない」と言いながら慌てて飛んでいきました。そのまま手引き歩行をはじめようとしたため、それを制止し、何かあってもすぐに支えられる左側に立ってFさんが向かっているところまで一緒に歩いてもらいました。

Fさんはトイレに向かっていたので、職員にFさんが排泄動作もできるかもしれないことを伝え、「できないこと／できづらいこと」をサポートするようにしました。Fさんはズボンの上げ下ろしにサポートが必要だったそうですが、あとは自分でできていることがわかりました。

Fさんの思いは…

食事も一人で最後まで食べられたし、一人でトイレにも行けた。やっと「一人でできる」ってわかってもらえたかな。

Fさんへのかかわりの流れ

Before

利用者の思い

自分で食べられているのに、どうして職員に止められるんだろう…。

介護職のかかわり

Fさんの食事の姿勢を、Fさんの背後から見てみる。
→姿勢が崩れている。

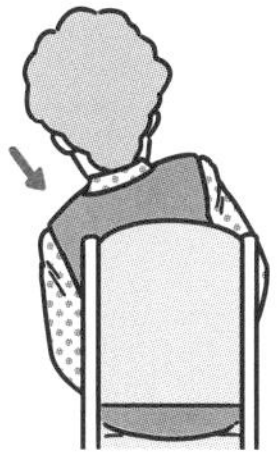

Fさんが姿勢のつらさを感じているのを確認し、座位姿勢を整える。

なぜ途中から手づかみで食べるのか、食につながることすべてから原因を探す。座位姿勢保持の重要性を理解してもらい、姿勢保持のかかわりを継続してもらう。

誤用・過用のリスクを伝え、できている動作についても、負担のない動作へ改善する。

After

やっと「一人でできる」ってわかってもらえたかな

成功体験で一日を終えるようにしたことで、Fさんに自信がついた。

Fさんのように、本当は自分でできるのに職員の思い込みで介助され、結果、職員が「介助量が増えた」と疲弊してしまうことがあります。自分たちがそういうかかわりをしてないか振り返ってみましょう。Fさんの能力が失われる前にかかわれてよかったと思いました。

成功事例 7

家族や事業所職員に不信感をもつ利用者へのかかわり

利用者情報

- Gさん（79歳、女性）、要介護1
- 生活環境：家族と同居
- 診断・既往歴等：アルツハイマー型認知症、転倒による左大腿骨頸部骨折（人工骨頭置換手術）
- 移動：自分で立ち上がることができる。歩行時は杖を使用している。

かかわりの経緯

Gさんが認知症の診断を受けたことに不安を感じた家族がケアマネジャーと相談し、通所介護の利用を希望する。一方、Gさん本人は「私はどこもおかしくないし、そんなに年寄りではない」と介護サービスの利用をかたくなに拒んでいた。しかし、Gさんの気持ちとは関係なく、当事業所に見学に連れてこられる。その場で、家族とケアマネジャーの意向で試しに週2回利用する方向で話が進んで行った。

Before 当初のGさんの様子

朝、Gさんの気持ちとは関係なく、家族が通所介護に通う準備をして、行かざるを得ない状況を作っていました。そのため、Gさんは事業所に来ても「何もやらない」と座っていました。しかし、昼食準備がはじまるころになると動き出し、調理や片付けなどの生活動作について、「どうしたらいい?」と職員に聞きながら取り組んでいました。

しかし、帰るときは「もう来ませんので」と言って帰る状況でした。

Gさんの思いは…

こんなところには来たくないのに、なぜ来なければならないの? 無理やり家から連れてこられて、家族やここの人（事業所の職員）は信用できない。

Gさんの気持ちよりも、家族とケアマネジャーの意向が優先されています。まずは、Gさんが通所介護に通うことを「かたくなに拒む」理由を知る必要があります。昼食準備などは取り組んでくれることから、「本当の理由」があると考えられます。それを知り、家族や事業所職員への不信感を少しでも軽減し、信頼の回復を最優先にしたかかわりを職員全員で行わなければなりません。事業所の職員が家族とケアマネジャーとの懸け橋になることが求められます。

だから、こうかかわった！

①Gさんには、通所介護に無理に通う必要はないこと、Gさんの家族には、無理に通わせることだけはやめてもらうように話をしました。

②ケアマネジャーに現状を報告し、「本人のためではなく、家族のためになっている」「ただ通えばいい」といったケアプランの見直しをお願いしました。

③Gさんに「なぜ来たくないのか」を直接聞いて思いを引き出し、「どうしていくか」を一緒に考えました。

④朝、電話でお休みの連絡があった日は、朝もしくは夕方の送迎ルートが近い職員がGさんの自宅にあいさつに寄り、不信感を軽減するためのアプローチを継続して行いました。

⑤昼食の後から活動的に「生活動作」を行っていたので、そのなかで「できづらい」「わかりづらい」部分を探し、まずはその部分へのサポートを徹底しました。

⑥座るときや立ち上がるときの動作、歩くときの杖の使い方が間違っている場合はすぐに職員が声をかけ、常に望ましい動作・杖の使い方を意識してもらえるようにしました。

⑦通所介護の卒業に向け、自宅での生活動作の改善が家族に伝わるように、食事の準備や掃除、洗濯物を干すなど家事仕事に挑戦してもらいました。

After　その後のGさんの様子

①通所介護での様子

できづらいこと、わかりづらいことは、自分から職員に聞いたり、挑戦したいことを教えてくれたりするようになりました。また、歩き方についても、こちらから声かけをしなくても自分で望ましい動作・杖の使い方を意識するようになり、不安定な歩行が改善したことで、活動の幅が広がりました。それとともに、Gさんが挑戦したいことも増えていき、何をするか自ら考えて行動に移せるようになりました。

②訪問介護への切り替え

一番の変化は、Gさんが自ら通所介護に通う準備をするようになり、通うのを拒まなくなったことです。自宅での生活にも変化が出てきたようなので、次のステップに移るために、Gさんの思いと家族の思いの落としどころとして、訪問介護に切り替え、自宅での生活に移ってもらいました。

訪問介護でも、**生活動作を意識したかかわりを継続し、Gさん自らの考えに沿って、買い物や調理、洗濯などを訪問介護員と一緒に行ったことで、**徐々にGさん一人でできるようになりました。さらに、一人で近所のサロンや美容院に行くなど、地域交流にも参加できるようになりました。

しかし、家族の認知症に対する心配が完全になくなることはなかったため、その部分への配慮として、やりづらさが残っていた掃除に関しては、訪問介護でのかかわりを継続しました。

Gさんの思いは…

私を追い出そうとしていたわけじゃなかったんだ。自分の「挑戦したいこと」を手助けしてくれる人たちを信頼して、一緒に頑張ってみよう。

Gさんへのかかわりの流れ

Before

利用者の思い

なんでこんなところに来ないといけないの？ 無理やり連れてこられて、信用できない。

介護職のかかわり

無理に通わなくていいことを説明する。

ケアマネジャーに「本人のためのケアプラン」になるよう、見直しを依頼。

Gさんが通所介護に通うことを拒む理由を知り、家族や事業所職員への不信感を少しでも軽減できるようにかかわる。

Gさんがお休みの日も、送迎途中に自宅を訪問し、顔を合わせる。

After

家族も職員も私のやりたいことを手助けしてくれていたんだ。みんなを信じて頑張ってみよう。

通所介護から訪問介護へと切り替えて、自宅で過ごしてもらう。

Gさんの不信感は、「自分ではない人が自分の生活を決めている」ことにはじまったと思われます。当然ですが、本人の生活は、本人と一緒に考え、そして、家族のフォローもすることで、在宅生活の限界値を底上げできるのではないでしょうか。

成功事例 8

いつもイライラしている利用者へのかかわり

利用者情報

- Hさん（72歳、男性）、要介護3
- 生活環境：グループホームに入所
- 診断・既往歴等：混合性認知症（前頭側頭型、血管性）、脳梗塞後遺症による左半身麻痺、左上下肢拘縮（左下肢は軽度）
- 移動：車いすを自走。移乗動作は自分でできる。

かかわりの経緯

介護技術研修の講師として、毎月1回訪問している事業所。もともとは、ほかの利用者の移乗介助を見てほしいと頼まれたが、その際に、怒りながら車いすを自走しているHさんを見かけた。職員に尋ねたところ、「いつものことなんです。怒鳴るからほかの利用者さんがみんな怖がっていて」とのことであった。そこで、私のほうからHさんの状況を見させてほしいとお願いした。

Before 当初のHさんの様子

職員の話によると、Hさんは左半身に麻痺があるものの、ほとんどのことが自分でできるため、「できていることの維持」を目指していること、「本人の意向により職員の介入はほぼない」ことがわかりました。

自走の様子を見ていると、数メートル進むごとに数センチ後退しており、方向転換の際は、小刻みに行ったり来たりしながら必死に調整する状態でした。さらに、健側を頑張って使っていることと、車いす上で望ましくない姿勢になっていることで、麻痺側の腕が上がってくるという、よくない反応が出ていました。

職員に、Hさんの怒りの感情が出るタイミングを聞いたところ、「自分の思い通りにならないとき」や「トイレから出てきたとき」などが挙げられました。一番イライラしているのは、「いつもあそこの角を曲がるとき」とのことでした。

Hさんの思いは…

なんで思い通りに動けないんだ！ 周りに邪魔な人がいるから悪いんだ。

「いつもあそこの角を曲がるときにイライラしている」と言うのに、その曲がり角にイライラの原因があると気づいていません。「なぜいつも〇〇になるのか」と「なぜ？」を考えていかなければ、状況は変わりません。「いつもはできているのに、今日はできない」のであれば、状況の変化に目が向くはずです。変化があったときだけではなく、変化のないときの「いつも」の裏にあるものを考えなければなりません。「いつものこと」と放置するのはやめてほしいものです。

だから、こうかかわった！

①Hさんに、車いすを自走するときや体を動かすときに「やりづらさ」を感じることがないかを聞くことで、イライラの原因を探しました。

②Hさんにいつも通りの動きで生活しているところを見せてもらい、どういうイメージで動こうとしているのかを確認しました。

③健側のバックサポートにバスタオルを一本丸めたものを縦に入れ、健側の努力性のある動きの軽減をはかりました（過用の予防）。

④③の状態で普段と同じように生活してもらい、「違い」を感じてもらいました。

⑤Hさんに麻痺側の腕の位置を確認してもらい、腕がどんどん上がってくる理由を伝えました。「拘縮を予防しなければならない説明」をし、Hさんの望ましくない動作を見直してもらいました。

⑥再度、自走時や動作時に「やりづらさ」を感じることがないかを聞き、生活の変化を実感してもらいました。

⑧職員には、Hさんに合った「自立支援」をしてもらい、健側が努力性の高い動きをしているときは、必ずHさんに声をかけ、どうするべきかを伝えてもらうことを継続しました。

After　その後のHさんの様子

①グループホームでの様子

かかわってから1時間しないうちに、Hさんに変化が見られました。たとえば、一番イライラしているという「いつも」の場所を、怒ることなくスムーズに曲がり、自分の食事席まで移動して、自走中も一度も後退することなく進んでいました。

トイレでの手すりの使用法と立ち上がりの動作を伝えたところ、トイレから出てきたときに、今までの麻痺側の腕の位置と比べ、明らかに腕が下がっているのを見て、Hさん自身も驚いていました。**「望ましくない動作」が「望ましい動作」に変わったことで「やりづらさ」が軽減したのか、**「体が楽になった」と言っていました。

職員からは、Hさんへのかかわりを継続したことで、Hさんのイライラがなくなり、ほかの利用者と話をするようになったと報告がありました。

②Hさんの変化にはじまるプラスの連鎖

実際に次にグループホームを訪問させてもらったときには、Hさんの表情はとても穏やかになっていました。麻痺側の腕も下がっていて、ほかの利用者と談笑している姿を見ることができました。

Hさんの生活が変化した結果、フロアーの雰囲気はよくなり、ほかの利用者も行動しやすくなったことで、職員はHさんとほかの利用者との間に仲裁に入ったり、ほかの利用者にも必要以上に介助に入ったりしなくてよくなったそうです。その結果、別の利用者にかかわる時間が増えたと話していました。

Hさんの思いは…

スムーズに動けるようになってよかった。怒りたくて怒っていたわけではない。自分の思いと行動へのギャップにイライラして、感情が表に出てしまった。このまま腕がどうにかなってしまうのではないかと怖かった。

Hさんへのかかわりの流れ

Before

利用者の思い

思い通りに動けない。周りに邪魔な人がいるから悪いんだ！

介護職のかかわり

イライラの原因を探る。

健側の努力性のある動きの軽減をはかる。

車いすを自走するときや体の動かし方で「やりづらさ」を感じることがないかを聞き、イライラの原因を探る。健側の負担を軽減できるように調整をして、前後での違いを実感してもらう。

麻痺側の腕が上がってくる理由と、拘縮を予防しなければならない説明をする。

スムーズに動けるようになった！ 腕がこのままどうなるか不安だったし、それも説明してもらえてよかった。

After

イライラがなくなり、ほかの利用者とも話をするようになった。

「いつもの○○だから」という対応は、「その場だけの自立支援」になりがちで、利用者に「生きづらさ」を与えている可能性があります。Hさんの場合は、職員が継続してかかわってくれたことで、生活が豊かになったのだと思います。

成功事例 9

全介助と言われている利用者とのかかわり

利用者情報

- Jさん（88歳、女性）、要介護5
- 生活環境：特別養護老人ホームに入所
- 診断・既往歴等：認知症、廃用症候群（生活不活性）による寝たきりの状態。両上下肢は拘縮へ移行
- 備考：認知症の症状が進行し、「何もできない」「危ない」という偏見によって、廃用症候群（生活不活性）を引き起こし、寝たきりとなった。全介助での対応。

かかわりの経緯

ある事業所の職員から相談があり、一緒に「利用者の生活」という視点から見直していくこととなった。

〈相談内容〉Ｊさんは、「寝たきりだから全介助」と言われていて、自分では何もできないからと、食事、入浴、排泄だけの対応になっている。しかし、Ｊさんはどう見ても苦しそうにしていて、見ているこちらもつらい。「全介助・拘縮だから介助量が多くて大変」と言われている現状を何とかできないか。

Before 当初のJさんの様子

Ｊさんは、食事と入浴のとき以外はベッドで横になっていることが多く、定期的な体位交換と排泄介助はあっても、臥床姿勢はただクッションなどを当てているだけで、常に体が緊張している状況でした。そのため、体が硬くなっていて、腕は胸の前で組まれ、足は屈曲していました。職員は、Ｊさんの両上下肢が拘縮していると決めつけていました。

Ｊさんは、常に汗をかいていて呼吸も荒く、体に熱がこもっている状態で一日を過ごしていました。夜間帯の様子をケース記録で確認すると、「発汗多量で更衣が○回、喀痰吸引を○回、浅眠、不眠」などの申し送りが多く、Ｊさんは毎日苦しい生活を余儀なくされていることがわかりました。

Jさんの思いは…

本人は直接言葉で意思を伝えることができませんが、明らかに「苦しい」「つらい」状況にいることが見てわかります。

「介助量が多くて大変」と言っている職員は、食事、入浴、排泄しか考えておらず、それ以外の生活場面も含めて、Jさんが苦しんでいる理由を考えようとしていません。Jさんが「自分でできていることを知る」ことが大切です。それと、腕や足などが固くなっていることを全て「拘縮」と決めつけています。

だから、こうかかわった!

①Jさんが「自分でできていること」を職員で話し合い、意見を出してもらいました。

②①の結果、Jさんが「呼吸や咀嚼・嚥下は自分でできている」と共有認識をもったので、その部分で苦しむことがないように自立支援につなげる目標を立てました。

③目標に向け、臥床姿勢の見直しをするために、勉強会を開催しました（今の対応に疑問をもっていた職員のみが参加）。

④食事、入浴、排泄以外でのかかわりに時間をかけるようにし、特に②で立てた目標に沿って、臥床姿勢の保持にゆっくりと対応していくようにしました。

⑤身体的な誘導をする際も、ゆっくり行うことでJさんの筋緊張が軽減できるようにしました。

⑥拘縮予防にもつながるよう、継続したかかわりを徹底しました。

⑦Jさんの離床時間を増やし、車いす上での姿勢保持にも時間をかけました（リクライニングの車いすを使用していたので、極力バックサポートを倒さないようにした）。

⑧姿勢保持に必要な物品を見直し、バスタオルやタオルケット等を用意しました。

After **その後のJさんの様子**

①明らかに生活が変わったJさん

Jさんへの対応に疑問をもっていた職員がかかわったときだけの対応にはなりましたが、臥床姿勢の保持や体位交換などに時間をかけ、丁寧にかかわることで、Jさんの腕はお腹の辺りまで下がり、足の屈曲もかなり改善しました。Jさんの全身の緊張が軽減していったことがわかります。体に熱がこもることもなくなり、汗も引いて、なにより呼吸が安定してきました。

これによって、呼吸に対しても自立支援のかかわりができることが実証できました。一方で、「忙しくて時間がない」「それは介護職の仕事ではない」と言って、Jさんの変化を見ようとしない職員もいましたが、申し送りでの「発汗多量のため、更衣を○回」「痰絡みのため吸引を○回」「浅眠、不眠」と言った内容も減ったことで、Jさんの苦しみが確実に減ったことがわかりました。

②意識が変わりはじめた職員

見直しをはじめた職員が夜勤のときは、朝の申し送りで「Jさんはよく休んでいらっしゃいました」との報告が増えました。発汗による更衣や痰の吸引回数はさらに減っていき、入浴や排泄にかかる時間も明らかに短くなっていきました。

このように、明確に介助量が減っていることがわかると、「全介助・拘縮だから介助量が多くて大変」と発言していた職員たちも、「介助量を増やしているのは、望ましくないかかわりをしていた自分たちだった」と気づき、少しずつ意識が変わりはじめました。

Jさんの思いは…

本人からの言葉はありませんが、穏やかな表情で寝ていることから、「苦しくなくなった」「楽になった」という状況が推測できました。

Jさんへのかかわりの流れ

Before

利用者の思い

苦しい…つらい…。

介護職のかかわり

Jさんができている呼吸、咀嚼、嚥下が、今より少しでも楽にできるようにかかわる！

Jさんが自分でできていることを探り、その部分に対して自立支援のかかわりをする。ゆっくりかかわることで、Jさんの筋緊張が軽減できるようにする。

臥床姿勢を見直すために、勉強会を開催。

楽になった…。

After

全身の緊張が軽減し、体に熱がこもることもなくなり、汗も引いて、呼吸が安定してきた。

今にして思えば、私はこのときから「自立支援」ではなく「生活を営む」ことの大切さに気づき、それに向けた技術を身に付けようとしていたのだと思います。介護でのかかわりは「生活の営み支援」であり「自立支援」はあくまでもその一部でしかないと実感しています。

反省事例 10

家族へのフォローから不足から施設入所になった事例

利用者情報

- Kさん（77歳、男性）、要介護5
- 生活環境：家族（妻、息子夫婦、孫2人）と同居
- 診断・既往歴等：脳梗塞の後遺症による左半身麻痺、脳血管性認知症（当時）、高次脳機能障害

来所の経緯

自宅で脳梗塞を起こして入院。もともとは夫婦二人で暮らしていたが、心配した息子夫婦が「一緒に暮らしたい」と希望し、退院後に息子家族との同居がはじまる。通所介護を利用しようとするも、Kさんの怒りっぽい性格から、どこの通所事業所からも断られていた。そこで、ケアマネジャーから「何とかしてほしい」と何回か連絡があり、当事業所を利用することとなる。

Before 当初のKさんの様子

Kさん自身には麻痺の認識がなく、脳梗塞を起こす前と同じ動作で立ち上がろうとして転倒することが多く見受けられました。麻痺により今までと同じ動作で立ち上がるのが難しいため、職員が立ち上がり動作の声かけをしても、転んでから「また転んでしまった」と言うことが続きました。自分で立てないときは、怒鳴るように大声を出し、周囲に当たり散らすこともありました。

自宅でもよく転んでいたため、転ぶことで怪我が増えていくことを心配した家族は、Kさんを立ちづらいいすに座らせて、必ず介助で立ってもらうようにしていました。しかし、Kさんの奥さんが腰を痛めたことから、「夫が転ばずに一人で立てるようにしてほしい」と相談がありました。

Kさんの思いは…

また転んでしまった。人に迷惑をかけたくないから一人で立ちたい。自分の思い通りに動けないからイライラする…。

麻痺があるから立てないのではなく、麻痺によって感覚がない→足に力を入れて踏ん張りづらい→転びやすい→転ばないように立ち上がる方法を考える、と順序立ててKさんと話しました。Kさんがどこまで認識できるか、立ち上がるための能力がどのくらい潜在しているのかを知るために、一つひとつ動作を確認し、そのときのKさんの気持ちも確かめながら「できる／できない」を職員で情報共有して、その後にKさんの「できづらい」部分を探しました。

だから、こうかかわった！

①Kさんが立ち上がろうとする前に、どのような行動があるかを職員全員で探りました。

②自分一人でも立ち上がれることがあるので、そのときの動作をKさんに伝え続けました。

③麻痺による感覚失認があるため、立ち上がる際に健側の手で麻痺側の膝を押さえ、足が開かないようにすることを体感してもらい、「立つ際の安心」を感じてもらいました。

④感情がたかぶって表に出ているときは、照明が少し暗く周りの音があまり入ってこない部屋で、感情が落ちつくように「気持ちの安定の維持」を図りました。

⑤Kさんに家族の思いも伝えながら、Kさんの思いと、家族の思いとの落としどころを探しました。

⑥座位姿勢、歩行姿勢の改善を生活動作内で徹底しました。

After　その後のKさんの様子

感情がたかぶってしまうと、注意しなければならない動作に意識が向かなくなることはありましたが、比較的落ち着いている時間が続くようになりました。何よりも、膝を押さえることで「麻痺側の股関節が開かない状態」で立ち上がれるようになり、立ち上がりに自信が戻ってきたようで、転倒のリスクが非常に低くなりました。

しかし、Kさんに重点を置きすぎて、家族の不安への対応やKさんの状況報告をケアマネジャー経由で伝えてしまっていたために、家族に伝わるのにタイムラグが生じ、直接的な家族へのフォローが手薄になってしまいました。その結果、「Kさんが自分で立てるようになった」という現実についてこられなくなった家族から、「一人で立たれるのが怖い」と言われるようになってしまいました。

当初は、「転ばないで一人で立てるようにしてほしい」と言っていたはずの息子さんから、「夜間に父が自分で立って歩いている」と連絡があったため、「家族に迷惑をかけないよう、自分でトイレに行こうとしているのではないか」と伝えましたが、「夜中に一人で動かれると心配で寝られない。父に眠剤や安定剤を処方してもらえないか主治医にお願いする」と言われてしまいました。それから数週間でKさんの生活は激変し、ほぼ介助が必要な状態になりました。その結果、家族は「もう私達では見ていけない」と、施設入所を決めてしまいました。

Kさんの思いは…

> みんなに迷惑をかけたくないから頑張っていたのに…。なんでか全然動けなくなっちゃって…。

かかわりの反省点

- 家族の思いが実現したときの説明を先にしておくべきだった。
- 本人の思いが「しっかりと」家族に伝わるように、本人と一緒に話をするべきだった。
- ケアマネジャーともっと連携を図り、眠剤や安定剤でどのような生活になるのかを伝えるべきだった。
- 家族の不安を限界がくる前に拾い上げて、フォローに入らなければならなかった。
- ケアマネジャーを通して状況報告をしてもらうと当時に、同じ話を、事業所職員からも家族にしっかりと伝える時間をつくるべきだった。

振り返り

自宅で家族と暮らしている人は、基本的には家族の協力のもと、生活をしています。我々は、本人の「自立」に目を向けてかかわっていきますが、家族への対応もおろそかにしてはなりません。

家族には、職員から①Kさんがどの程度改善したか、②自宅でのKさんとのかかわり方、を伝えていましたが、利用日にどのようにかかわったか、そこから何が推測されるか、出始めている成果などは担当ケアマネジャーに伝え、ケアマネジャーから家族に伝えてもらうようにしていました。この「ケアマネジャーから伝えてもらう」という中継を作ってしまったことで、Kさんの変化に家族がついてこられず「家族の混乱」を生んでしまいました。

ケアマネジャーへの報告はもちろんですが、Kさんの様子を直接家族に見てもらうこと、どのように生活が変わっていくか予測を伝えること、それらが理解できるように自宅内で見ていただくことができていれば…と反省しました。

反省事例

11 職員の同情が利用者を依存させ、苦しめた事例

利用者情報

- Lさん（99歳、女性）、要介護4
- 生活環境：特別養護老人ホームに入所
- 診断・既往歴等：アルツハイマー型認知症、加齢による機能低下
- 家族関係：子どもはいるが、高齢。家族関係はよくない。

かかわりの経緯

入所中のLさんが体調を崩し、ベッド上での生活を続けたところ、生活が不活性になった。それによってLさんの生活が激変し、そこからかかわることとなった。

Before 当初のLさんの様子

Lさんは高齢ということもあり、加齢による機能低下があっても仕方ない状況でしたが、ゆっくりでも自分でできることがたくさんありました。できない部分は介護に入り、できづらい部分だけケアに入ることで、生活できていました。

しかし、体調を崩してベッド上で生活し、回復に時間がかかってしまったことで、より身体機能が低下し、体調が回復しても今までの生活とは激変してしまいました。そんな状況のなか、Lさんは、「早く迎えがこないかな…」と言うことが増えていましたが、車いすの自走や立ち上がり、食事など、自分でできることはゆっくりではあるものの頑張っていました。

Lさんの思いは…

早く迎えがこないかな…。でも、できることは少しでも自分でがんばってやっていこう。

「高齢だから」「病み上がりだから」ではなく、自ら生活を営もうとしている利用者に焦点を当てましょう。利用者の「自立した生活」のために部分的に介助できることを考え、この先の不安への対応も含めてかかわることが大切です。

だから、こうかかわった!

①Lさんが何かをするとき、たとえば「歯磨き」であれば、ほかの利用者や職員の出入りが多い洗面台ではなく、居室にある洗面台でほかの人を気にせずゆっくりとやってもらえるように声をかけるなど、自分のペースで過ごせる生活環境にしていきました。

②「疲れているだろう」「疲れてしまうだろう」と職員が勝手にLさんの身体面を決めつけるのではなく、部分介助の見極めをして、どのタイミングでかかわるべきなのかを共有し、Lさんが少しでも「自分で生活できている」と実感できるようにしました。

③②を踏まえ、職員間でLさんへのかかわりを共有し、24時間のなかで複数の職員が統一したかかわり方をすることにしました。それによって、Lさんが「やりにくさ」「わかりにくさ」を感じて困ったときに「同じ助けがある安心感」を構築できるようにしました。

④職員の部分的な介入で一緒に何かを成し遂げることで、Lさんの「心が折れない」ように心理的なかかわりをしようと統一しました。

⑤職員のかかわり方にズレがないように、声かけの統一などに向けた話し合いができるように時間の調整を試みました(勤務状況からなかなか行えませんでした)。

After　その後のLさんの生活を奪う結果に

Lさんにかかわった職員は、Lさんの「できないこと／できづらいこと」にサポートに入り、Lさんが自分で努力しているときは、状況を判断しながら部分的にサポートするというかかわりを統一してきました。

ところが、一人、「同情」からすべてを手助けしてしまう職員がいたことで、Lさんはその職員を探すようになってしまいました。その職員がいるときは、自分でできることもやらなくなり、サポートがないと生活ができないようになってしまったのです。その職員がいない日は、その職員をずっと呼ぶようになり、常に呼ばれる煩わしさから、その職員自身もLさんから逃げるようになってしまいました。

ほかの職員はその状況を把握しつつも、日々の業務があるなかで、職員を探しているLさんに一対一の丁寧な対応をし続けることができなかったこと、職員同士でLさんへのかかわり方についてすぐに話し合いをすることができなかったことなどから、Lさんに声をかけられると、「今日は○○さんは休みなんです」「今日はもう帰ってしまいました」「後でLさんのお部屋に向かうように伝えておきます」など、事実ではないことも含めた返事をして、その場をやり過ごすことが続いてしまいました。

その後すぐに、Lさんは自ら動こうとしなくなり、食事も食べようとしなくなってあっという間に寝たきりの状態になり、そのまま亡くなってしまいました。

Lさんの思いは…

自分でできていたけど、やってもらえるなら楽。すべてやってくれる人にお願いすれば、助けてもらえる。今までなんでも助けてくれたのに、自分の前からいなくなってしまうなんて…。私は捨てられたんだ…。

かかわりの反省点

- 職員のかかわり方を統一したのに、一人の勝手な同情がLさんの依存を生んでしまった。
- 一人だけ同情によるかかわりをしていることにほかの職員も気づいていたのに、職員同士で議論していなかった。
- 同情によるかかわりをした職員も、Lさんの依存が重くて逃げだしてしまった。
- 利用者が依存できる先を複数作っておくべきだった。

振り返り

加齢にともなって疲れやすくなったり、できづらいことが増えたりするのは仕方ないことです。しかし、Lさんに「できることは少しでも自分でやる」という気持ちがあった以上、そこには生きる希望があったはずです。自立支援の観点からのかかわりとはいえ、Lさんからすれば、当然生活しづらい部分はあったでしょう。そんなときに、依存できる人が一人だけという状況で、その人が急にいなくなったことによるLさんの喪失感、絶望感は、はかり知れません。依存された職員もそのことに気づいて後悔してくれていればいいのですが…。

生きていくことを目標に、職員同士が共通のかかわりをしていたなか、たった一人の望ましくないかかわりがあることで、Lさんの生活は変わってしまいました。かかわり方について職員同士で議論ができていたら、Lさんはもう少し生活を続けられたかもしれないと後悔が残ります。望ましいかかわりを数人で行っても、たった一人の望ましくないかかわりがあることで、生活が営めなくなってしまいます。だからこそ、同情ではなくその人の「生活」を考えなければならないのです。

反省事例 12

「今できている」ことへの誤用・過用が拘縮をまねいた事例

利用者情報

- Mさん（72歳、男性）、要介護1
- 生活環境：古いアパートで一人暮らし。
- 診断・既往歴等：軽度認知症の疑い、脳梗塞（麻痺なし）
- 備考：介護事業所は通所介護（デイサービス）のみ利用。自分でできることは維持していくことを目標にしている（料理、洗濯、入浴、掃除、買い物は自分でできる）。

かかわりの経緯

もともとはリハビリ型の事業所を利用していたが、マシーンを使う以外は何もすることがなくて退屈だからと、本人が事業所の変更を希望した。今の状態を維持したいという思いが強く、また、ケアプランにも「現有能力の維持」とあったため、生活動作ができ、一日自由に動ける場所がほしいということで、一日利用の事業所を利用することになり、しばらくしてから相談を受け、かかわることとなる。

Before 当初のMさんの様子

マシーンを使った機能訓練はないものの、生活動作内の取り組みが機能維持になるからと、Mさんはさまざまなことに一生懸命に取り組んでいました。

以前の事業所で「動かないと体がだめになる」「体をたくさん動かして機能を維持することが大切」と言われていたそうで、とにかく頑張って体を動かしていました。脳梗塞の既往があるので、無理な姿勢や力任せの動きはやめて、拘縮の予防もしていく必要があることを伝えたものの、「大丈夫、任せて!」と答え、畑仕事や大工仕事など全身を使う作業を「リハビリ」と言いながらやっていました。

Mさんの思いは…

機能が低下してしまったら生活ができなくなるから頑張って使わなければ!「体がだめになる」のは嫌だから、なんでもやろう。任せて!

Mさんの希望通りの生活を送ってもらうことで、「生活への諦め」が起きないようにしていました。しかし、本来は、どのように体を使って自立支援に取り組んでいるのかを見極め、脳梗塞を再発しないためにも「できるから大丈夫」ではなく、「できているからこそ」動きの見直しをしていくことが重要だったのです…。

だから、こうかかわった!

①Mさんが「やりたいこと／できること」に取り組める環境で、自立した活動をしてもらえるように環境を整えました。

②今は生活に支障となる麻痺が出ていないものの、過去に脳梗塞を起こしているので、生活動作や取り組み動作のなかで、望ましくない体の使い方や努力性の高い動きをしている場合は、やめてもらうようにその都度声かけをして、動作の見直しをしていきました。

③Mさんが希望している「今の生活」を大切にしながら、「先の生活」への話を職員にしました。

④Mさんの普段の会話から、自宅での困りごとがないかを探りました。

⑤本人が「リハビリ」と頑張っているので、支障なくできていることは自分でやってもらいました。

⑥やりづらさが出ていないかを、生活動作内で見ていくようにしました。

After　その後のMさんの様子

できることが生活の自信になっているようで、Mさん自身、いいリハビリになっていると感じていたようです。利用を開始した頃よりもできることが増えていることが目で見てわかるほどでした。

ところが、一年が過ぎた頃、Mさんから「左手がおかしいんだよ」と相談がありました。確かに、以前と比べると明らかに動きが悪くなっています。手を見てみると、Mさんの左手指は完全には伸びなくなっていて、今までと同じ動作をすると、手指が握り込まれるようになっていました。

望ましくない体の使い方や努力性の高い動きについては、動作の見直しをしていくこと（「だから、こうかかわった!」の②）を優先して継続していくはずでしたが、いつの間にかMさんが希望する「今の生活」を大切にすること（同③）、支障なくできていることは自分でやってもらうこと（同⑤）のかかわりを優先し、Mさんが頑張っていることのみに注目していたようで、左手指に支障が出始めていたことに気づけなかったのです。本来見逃してはいけないサインに気づくことができなかったことになります。

Mさんは「左手がおかしい」と感じはじめたことから生活意欲が低下し、それまでのように行動することも激減して、同じ姿勢で座っていることが多くなりました。さらに、左上肢に拘縮傾向がみられるまでになってしまいました。

Mさんの思いは…

頑張ってやってきたのに、なんでこんなことになったんだ…。頑張らなければよかったのか…。

かかわりの反省点

- できるのだから一生懸命頑張ってもらうことが自立支援だと思っていた。
- できることのみに注目するようになっていた。
- 認知症の進行予防と「今できている」部分での自立支援を優先してしまい、一番大切な部分を継続していなかった。
- 本人からの訴えがあるまで、身体状況の変化に気づけていなかった。
- 生活に支障をきたす麻痺がなかったので、脳梗塞の既往への意識ができていなかった。

振り返り

本人の希望だからと「できることに取り組んでもらう」「頑張ってもらう」という姿勢だけでは、二次障害につながる可能性が大いにあります。本人の希望だからと目の前の動作に満足するのではなく、今の生活を継続するためにどうするべきかを、Mさんの生活と向き合って、しっかり話し合うべきでした。また、動作に関しても、無理のないような動きに「変更する」というように理解してもらうよう話し合うべきでした。

体もたくさん動かせるMさんが、なぜ介護保険を利用しているのか。脳梗塞の後遺症による二次障害を予防する重要性を理解してかかわっていかなければ、「自立支援」と思っていたかかわりが、Mさんの生活をしづらくさせるものになってしまいます。

介護側が提供する「自立支援」によって、目の前の利用者が苦しむことになるのであれば、すぐに見直しをしましょう。誤用・過用を理解したかかわりをしなければなりません。

反省事例

13 利用者の訴えから、そこにしか意識が向かなくなった事例

利用者情報

- Nさん（79歳、女性）、要介護3
- 生活環境：グループホームに入所
- 診断・既往歴等：認知症、貧血、左大腿骨頸部骨折（人工骨頭置換術）
- 備考：貧血により疲れやすい。骨折で入院し、術後に退院。退院後は、杖を使って歩いていたが、1年後あたりから患部（手術をした部分）の周辺に痛みを訴え、歩行時に上半身を曲げないと歩けない状態になった。痛み軽減と負担軽減、転倒予防のため、車いす生活となる。短期記憶の維持は難しいが、生活動作は一部の動作のみ部分介助で、それ以外は自分でできる。退院後は体重が落ちていたが、1年が経過し、以前のふくよかな体型に戻っている。

かかわりの経緯

「入所者の生活改善をしたい」という要望を受け、Nさんが入所しているグループホームを訪問することになった。Nさんは、排泄のために立位になったときに足に痛みがあり、どのようにしたらよいかと尋ねられ、立ち上がりなど動作確認をすることになった。

Before 当初のNさんの様子

Nさんは、手すりをうまく使って自分で立ち上がり、重心移動もしっかりできているように見受けられました。

痛みを訴えることもなく、職員も見守りのみで、立位時のズボンなどの上げ下げのみサポートすれば、「あとは大丈夫」と一人で排泄することができています（サポート後は、職員はトイレ外に出ています）。しかし、腰を浮かせてはいるものの、膝も腰も屈曲し、伸ばすことができない状態となっていました。職員からは、Nさんにしっかり立ってもらおうとすると痛みが出るようだと話がありました。

Nさんの思いは…

できる限り自分で行いたい。特に、トイレは人の世話にはなりたくない。

今できていることを維持するためには、その人の動作の確認をして、望ましい動作を伝え、「できる部分／できづらい部分」を見極めていかなければなりません。そのなかで、本人が訴えにくい部分があるのではないかと考えることは大切です。「自立しているから大丈夫」という固定観念を持たないことが重要です。

だから、こうかかわった！

①Nさんができることは「自立」と判断し、生活に支障がない部分ではケアには入りませんでした。

②体を伸ばさなければ痛みがないとのことだったので、できることを維持してもらうため、Nさんには楽な姿勢で動いてもらいました。

③痛みが出始めたときの状況と、どの部位が痛むと言っているのかをスタッフから聞き取りました（痛みは体型がもとに戻ってきた頃から、痛む部位は手術したところ）。

④Nさん本人にどの部位が痛むのかを聞き、職員が話している部位との違いがないかを確認しました（腰・鼠径部をなでながら「ここら辺」と返答）。

⑤入浴時に皮膚状況と洗体状況の確認をし、特に皮膚が重なっている部分を見てもらいました。

⑥皮膚がただれ、膿が出て匂いもあったため、早急に皮膚科を受診してもらいました。

⑦皮膚の完治後も、入浴でのかかわりを継続するようにお願いしました。

After　その後のNさんの様子

職員たちは、「Nさんができることは自分でやってもらい、生活への自信につなげる」ためにどうしていくかを話し合い、「できる限り自分でやってもらう自立支援」になるようなかかわりを実践していました。しかし、身体機能にだけ着目していたので、身体状況全体を踏まえた変化にも目を向けなければならないことを伝えました。

体型が戻ってきた頃から痛みを訴えるようになったということと、私に伝えてくれた痛みの部位を踏まえて、「もしや…」と入浴時の状況と職員のかかわり方を確認すると、自分でできるからとほとんど介入をしていないことがわかりました。そこで、Nさんの皮膚が重なっている部分がしっかり洗えていいるかを確認してもらったところ、全く洗えていないことがわかりました。全く洗えていない部分は、皮膚が真っ赤にただれていて膿が出ていたため、早急に皮膚科を受診して処置を開始しました。そして職員には、Nさんの入浴時、体を洗う際に部分的にケアに入ってもらうようにしました。

Nさんは皮膚のただれによって上半身を起こすと痛みが出ていたようです。ただれが治った頃には、痛みの訴えもなくなり、上半身を起こしてしっかりとした立位が保てるようになりました。また、車いすではなく杖歩行もできるようになり、トイレ動作も一人でできるようになりました。

Nさんの思いは…

あの痛みは腰じゃなかったんだ…。痛みがなくなってよかった。これからは、お肉の間もしっかりと体を洗わないと（笑）迷惑かけちゃってごめんなさい。

かかわりの反省点

- 立位をとる際に痛む部位は、「手術した患部」と思い込んでいる。
- 退院後、体形が戻ったことで生活に支障が出ていないかに目を向けられていない。
- 「自立支援」ができていると思い込んで、本人へのかかわりが薄くなっている。
- 身体機能と身体状況を同じものと捉えて見てしまっている。
- 「尊厳の保持」という考えから、羞恥心への配慮を優先してしまっていた。
- 「痛みがある＝車いす」という職員の判断で、利用者の生活を切り替えてしまった。

振り返り

この事例では最終的にＮさんの生活が改善できましたが、そこにかかわっていなければどうなっていただろうか…と、自立支援の考え方に怖さを感じました。

入浴時や排泄時の羞恥心への配慮、「自立」を意識することは大切ですが、それによってＮさんの皮膚のただれに気づくことができず、そのただれが痛みを生み、トイレ動作に支障が出ていました。手術した部分に痛みがあるという本人の訴えから、そこにしか意識が向かなくなっていたことが原因です。気づくのがさらに遅れていたら、Ｎさんは「立ち上がる・歩く」という生活に必要な動作を失う結果になっていたことでしょう。

尊厳の保持や自立した生活は大切なことですが、状況の変化に目を向け、その原因を考えていかなければなりません。そして、利用者の状況を踏まえたうえで、かかわりの優先順位を考慮し、「尊厳」や「自立」へのかかわり方に目を向けなければならないことを教えてもらいました。

反省事例

14 活動によって夜眠れなくなった利用者の事例

利用者情報

- Pさん（78歳、男性）、要介護3
- 生活環境：妻と二人暮し。娘夫婦は少し離れたところに住んでいるが、頻繁に孫を連れて遊びに来る。
- 診断・既往歴等：アルツハイマー型認知症、前頭側頭型認知症、パーキンソン病
- 備考：家族は、自宅での介護を頑張って続けており、施設入所は考えていない。質問に対して、「うん」「ヤダ」と一言での返答はできるが、自分の思いは伝えにくい。

来所の経緯

Pさんが要介護認定を受けた後も、数年間、奥さんが中心となって在宅介護を続けてきた。最近は、認知症の症状が進行してきたこともあり、一日横になって過ごすことが増え、生活不活性による機能低下により、奥さんの介助量が増えてきた。ケアマネジャーが息抜きにショートステイを利用してはどうかと提案したが断られている。家族からは、「Pさんにメリハリのある生活を取り戻してほしい」「日中だけでも自分の時間を作りたい」という要望があり、通所介護を週3回利用することになった。

Before 当初のPさんの様子

通所介護の初日は、Pさんはぼーっとしていて、ほとんど座っているだけの状態でした。利用回数が増えてくると、徐々に周りの利用者が動いているのを気にして、目で追うようになりました。時折、周囲がざわついていると不快そうな表情でイライラしていました。

Pさんの思いは…

周りがざわざわしてイライラする。自分だけ座っていていいのだろうか。

Pさんがどのタイミングでイライラするのかを知る必要があります。家族の言う「メリハリのある生活」が事業所内だけではなく、「家族との時間」に結びつくようにしなければなりません。

だから、こうかかわった！

①Pさんがイライラしているときは、一人になれる環境を用意しました。
②ほかの利用者がどういう活動をしているかを説明し、そこに参加するか、しないかをPさん自身に決めてもらいました。
③昼食後は、20分間横になれるようにして、午前と午後の切り替えと疲労軽減の時間を設けました。
④午後、生活動作中心にさまざまな活動をしてもらい、帰宅時間まで脳や身体を使ってもらいました。
⑧利用2か月後からは、家族からその日その日の思いを送迎時の会話や連絡帳を活用して、積極的に話してもらうようにしました。

After　その後のPさんの様子

職員からの活動の説明を踏まえ、「参加する／しない」を自己決定してもらうこと、昼食後に休んで身体的疲労の蓄積を避けることによって、利用時間を通してPさんの活発性が向上しました。しかし、2か月が過ぎる頃から、Pさんの家族に疲労感がうかがえるようになりました。

奥さんに話を聞くと、「通所介護の利用日の夜だけ全然寝ないんです」とのことでした。通所介護に通う週3日は寝不足になっていて、その翌日は日中横になることはないものの、夕食後すぐに寝るといった生活になっているとのことでした。

通所介護当日は、前日の夕食後すぐに寝ているので、睡眠も十分に取れて元気に活動ができていたため、自宅での様子は全くわからない状況でした。家族の様子がなければ気づくことはできなかったかもしれません。

Pさんの1日の流れ

曜日		午前中	お昼	夕方	夜
日曜		休み休み活動 (奥さんと一緒に 食器の片付けや 掃除、買い物など)	12時過ぎにお昼	15:00〜 ゆっくり活動	夕食後 しばらくしてから 寝る
月曜	通所介護	**元気!** 午前中の活動	昼食後に休憩	帰宅までフル活動 16:20帰宅	**夜寝ない**
火曜		休み休み活動 (奥さんと一緒に 食器の片付けや 掃除、買い物など)	12時過ぎにお昼	15:00〜 ゆっくり活動	夕食後すぐ寝る
水曜	通所介護	**元気!** 午前中の活動	昼食後に休憩	帰宅までフル活動 16:20帰宅	**夜寝ない**
木曜		休み休み活動 (奥さんと一緒に 食器の片付けや 掃除、買い物など)	12時過ぎにお昼	15:00〜 ゆっくり活動	夕食後すぐ寝る
金曜	通所介護	**元気!** 午前中の活動	昼食後に休憩	帰宅までフル活動 16:20帰宅	**夜寝ない**
土曜		休み休み活動 (奥さんと一緒に 食器の片付けや 掃除、買い物など)	12時過ぎにお昼	15:00〜 ゆっくり活動	夕食後すぐ寝る

Pさんの思いは…

眠いのに寝られない…。どうしたらいいのだろう？ なんで寝られないのだろう？

Pさんの家族の思いは…

夜に寝てくれないのはつらい。ずっとこの状態が続くとしたら、どうなってしまうのだろう…。

かかわりの反省点

- Ｐさんの生活不活性に焦点を当てすぎて、Ｐさんの体内バランスに意識が向いていなかった。
- 「脳と体」を使った活動で疲労感を感じてもらおうという取り組みをしてしまった。
- 事業所内では、体を休めることを疎かにして動くことに専念していたため、自宅と事業所での生活に違いがありすぎた。
- 家族とのコミュニケーションが足りず、家族の様子に早期に気づくことができなかった。

振り返り

ほかの利用者家族に聞き取りをしたところ、数人がPさんと同様の状態であることがわかりました。帰宅時間まで昼食後を除いてずっと活動をした結果、脳が活性しすぎて寝付けなくなっていることが予測されました。

そこで、通所介護では、自分で調整がしにくい利用者には「日中活動・夜間睡眠」に向けた活動の時間調整として、15時過ぎから少しずつ活動量を減らし、ゆっくりしていくかかわりをはじめました。最初は、Pさんも「大丈夫」と活動量を減らそうとしなかったのですが、このやりとりを繰り返した結果、利用日の夜も寝られるようになりました。

睡眠への影響は、「生活の営み」の破綻につながりかねません。「日常生活を営む」というからには、「24時間365日」を意識した自立支援を継続しなければなりません。通所介護によって日中の家族の負担が軽減しても、睡眠に支障が出ることで、夜間の家族の不安が増せば、今までより負担が増加してしまいます。自宅での生活（本人と家族との生活）を知らなければ、「通所介護側の自己満足」でしかないのです。

特に在宅の場合は、家族がバーンアウトしてしまったらすべてが変わってしまいます。家族の思いも大切なので、本人との生活での「落としどころ」を最初に考えて、そこから家族と一緒に歩幅を合わせて進んで行くことの大切さを知ることができました。

反省事例 15

担当者の勝手なかかわりのせいで施設入所となった事例

利用者情報

- Qさん（79歳、女性）、要介護2
- 生活環境：娘と二人暮し。娘は自宅で仕事をしているが、自宅内別居状態。
- 診断・既往歴等：アルツハイマー型認知症
- 備考：娘さんはQさんに関心はないが、家で暮らしてほしいと思っている。

来所の経緯

娘さんは、日中はQさんに通所介護を利用してほしいと考えていたが、Qさんはどこにも行きたくないと言っていた。そこで、担当ケアマネジャーの勧めもあり、訪問介護を週に2回利用することになった。しばらくは訪問介護を受け入れていたが、ある日を境にQさんは玄関を開けなくなった。娘さんもケアマネジャーも訪問介護員もどうすることもできず、何とか通所介護を利用できるようにしてほしいと相談があった。朝の準備など、娘さんに協力してもらうのは難しく、本人だけで通うのは難しいと判断したケアマネジャーが、「送り出し」のサービスを当法人の訪問介護に依頼。訪問介護の日を通所介護の利用日として、利用開始となった。

Before 1 当初のQさんの様子

契約や担当者会議でQさん宅を訪ねたときは、特に支障もなく、利用初日の送り出しの際には不安げな表情ではありましたが、特に拒むようなことはなく、自分で整容はできていました。

しかし、持ち物の準備が一人ではできづらい状況で、訪問介護員と一緒に準備をして、迎えの時間に間に合っているという状況です。

短期記憶の維持が難しく、しばらくは朝の準備をしながら「どこかに出かけるの？」と言ったり、デイサービスでは「どうしてここに来たんだっけ？」と言ったりという話を耳にしていました。しかし、その都度話をすると「そうなのね」と不安などはない様子で、ほかの利用者と一緒に自分でできる活動に取り組んでいました。

Qさんの思いは…

どうして娘でもない人に世話をやかれないといけないの？ 勝手に私の家に入ってきて、私の物に勝手に触れて…。何か企んでるの？

Qさんのペースで、できづらい部分に対して押しつけないケアを行うようにしました。

だから、こうかかわった!①

訪問介護でのかかわり

①できることは自分で行ってもらい、訪問介護員は介入しないようにしました。

②できづらい部分は訪問介護員と一緒に行い、できない部分は訪問介護員が行いました。

③余裕のある時間の流れを作るように配慮しました。

通所介護でのかかわり

①できることは、一人もしくはほかの利用者と一緒に取り組んでもらいました。

②できづらい部分は職員と一緒に行い、できない部分は職員が行いました。

③「成功体験」が多い活動に取り組めるように環境を整えました。

Before 2 利用開始時の様子

しばらくすると、朝、Qさんが自分で準備できることが増えてきました。しっかり通所もできていることから、生活の刺激になればと利用日を週2回から週4回と増やし、ほかにU訪問介護事業所にも送り出しに入ってもらうことになりました。

しばらくは特に変わりなく過ごしていましたが、U訪問介護事業所の送り出しの日に時間に間に合わないことがあり、Qさんがイライラしていることが多くなりました。

Qさんの
思いは…

U訪問介護事業所の送り出しの日だけ、不安になる…。

U訪問介護がかかわることになってからしばらくの間は大丈夫だったのに、当法人の訪問介護が送り出しをする2日間は大丈夫な日、U訪問介護が送り出しをする2日間は混乱する日、となった理由を探さなければなりません。そこにフォローに入り、Qさんの混乱を軽減することが必要です。別事業所であっても、できる限り統一したかかわりを継続することが重要です。

だから、こうかかわった!②

①通所介護を利用する日のQさんの様子の違いを、ケアマネジャーに見てもらいました。

②送り出しの際のかかわり方と、そのときのQさんの様子をそれぞれの訪問介護事業所から聞き取りました。

④②を踏まえ、両事業所合同で会議を開き、Qさんとどのようにかかわっているかを照らし合わせ、できる限り統一したかかわりとなるように話し合ってもらいました。

⑤Qさんが通所利用時にイライラしているときは、「なぜイライラしているのか」を話してもらい、気持ちが落ち着いてから活動に参加してもらうようにしました。

⑥迎えの時間までにQさんの準備が間に合わない場合は、迎えの職員が残りを引き継ぐこと、娘さんにお願いして、少し協力してもらえる体制を整えました。

After　かかわりの統一後

Qさんは、かかわり方の統一後、数年は落ち着いた生活を送っていました。しかし、U事業所の担当者が変わったことで混乱し、イライラすることが多くなり、Qさんから「何もわからない」「殺される」との発言が出るようになりました。

ケアマネジャーに報告したところ、「通所利用中や送り出しの際に、暴力などの介護拒否はないか」と聞かれたため、通所では朝イライラしている日があるが昼前には落ち着くこと、今までのようにほかの利用者と一緒に活動できなくなっていること、職員のケアがないとできないことが増えていること、訪問介護でもできづらいことが増えていることを伝えました。一方、U事業所の送り出しの際は、暴力を振るうこと、「助けてー」と叫びながら外に飛び出そうとすることが続いたとのことでした。さらに話を聞いていくと、U事業所の新しい担当者は、「職員がやった方が早い」という理由で、訪問介護員が通いの準備をし、着替え等にも介助に入っていたことがわかりました。

そこで再度、娘さんを交えた会議を開催し、Qさんの有する能力を発揮してもらう目的で、準備は本人にしてもらうことにしました。しかし、Qさんのなかで U事業所の担当者は「嫌なことをする人」と認識されており、日に日にQさんの状況は悪化し、着替えの途中に「助けてー、殺されるー!」と外に飛び出て、近所の人から警察を呼ばれる事態になりました。この一件によって、娘さんは「近所に迷惑をかけて、私も恥をかいた。もう家にいてほしくない」と言い出し、Qさんは入所を余儀なくされました。

Qさんの
思いは…

私は何も悪いことをしていないのに、なんであの人は酷いことばかりするの?誰か助けてほしい。

かかわりの反省点

- せっかく2事業所で話し合ってＱさんへのかかわり方を統一したのに、担当者の変更にともなう引き継ぎがしっかりできていない。
- 一人の勝手な思い込みで、Ｑさんができることを奪ってしまった結果、Ｑさんの混乱をまねいた。
- 娘さんが協力してくれていたのに、職員の勝手なかかわり方のせいで、協力が途切れて施設入所となってしまった。

振り返り

当事業所が正しいかかわりをしていた、と言いたいのではありません。たまたま、私たちのかかわり方でＱさんの生活が向上しました。一方で、望ましくないかかわり方があれば「できていたこと」が「できなく」なる結果へと向かうことを痛感した事例です。

利用者の生活にかかわらせてもらっている以上、別法人であっても、ある程度は統一したかかわりが必要であること、そしてそれを「継続すること」が重要です。よく聞くことですが、「〇〇事業所だからできる」や「私にはできない」ではなく、同じサービスを提供していることを認識していかなければなりません。何が正しいとかではなく、目の前の人の姿を見て、その人が「生活の営み」を続けていけるかどうかが答えなのだと思います。

なにより、本人の時間の流れに合わせることが必要で、職員の時間の流れに合わせて管理していくのは、その人の尊厳を奪っていることになると改めて考えさせられました。

あとがき

本書を最後までお読みくださり、ありがとうございます。

日々介護の仕事をされている皆さま、本当にお疲れさまです。

人員不足や利用ニーズなど、さまざまな問題がある現代、そして介護職としてのかかわりの見直しが急務となっている現状のなかでも、利用者の「生活」は続いていくことに変わりありません。

いろいろな場面で、介護職は変わっていかなければならないと本当に感じています。

今回、本書の内容を書き進めていくなかで、私自身が経験してきたことがたくさん浮かんできました。

もちろん、いい経験ばかりではありません。むしろ良くない経験のほうが多く、介護職に就いた頃の自分は、とても「望ましいかかわりだった」と言えるものではありませんでした。だからこそ「本当にこれでいいのか?」「仕事としておかしくないのか?」と悩み学んできました。

そのなかで、特に介護技術に疑問を抱いていたとき、田中義行氏の本（『潜在力を引き出す介護』中央法規）に出会い、セミナーに通い続け、実践を繰り返してきました。

今の私があるのは、田中氏に出会えたことはもちろんですが、一緒に学び実践してくれる仲間に出会えたからです。ありがとうございます。

介護に、「これが答えだ」というのはないと考えています。そのため、本書の内容が正しいというわけではありません。あえて答えを考えると、それは「一人ひとりの生活の姿」にあると思います。これは、寝たきりと言われている方にもいえることです。

本書を読むことで、今のかかわりが「本当に『自立支援』となっているのか?」「今だけのかかわりになっていないか?」と振り返ってもらい、「思い込みの自立支援」から、目の前の方の「生活の営み」への支援に変われる「ヒント」「気づきのキッカケ」にしてもらえれば、と思いながら書かせていただきました。

私がそうであったように、本書との出会いが変われるキッカケとなれたらうれしいです。

心が折れそうになったとき、「諦めない心」で目の前の「扉」を開いていってください！

本書が、何かしらのお役に立てることを心より願っております。

2023年8月　山出貴宏

著者紹介

山出貴宏（やまで・たかひろ）

株式会社NGU　代表取締役。介護福祉士。

東京福祉専門学校で医療ソーシャルワークを学ぶ。卒業後、建築会社に就職し、現場で建築を学んだ後に介護業界に転職。訪問入浴、特別養護老人ホームで勤務。そこでさまざまな疑問を感じ2011年に独立して株式会社NGUを設立。少しでも長く自宅で生活を続けられるかかわりができる事業所をつくりたいと考え、生活維持向上倶楽部「扉」（地域密着型通所介護）を開設。生活維持向上倶楽部シリーズとして「匠」（地域密着型通所介護）、「心」（訪問介護）、「栞」（居宅介護支援）を運営しながら地域創造への取り組みも行っている。

また、「闘魂介護士」と呼ばれ、介護技術、認知症ケア・じりつ支援に関する研修や、現場での技術・取り組み・かかわり方の見直しの助言にも入っている。著書に『よくある場面から学ぶ 認知症ケア』（中央法規出版）がある。

座右の銘は「不《ふ》撓《とう》不《ふ》屈《くつ》」。焼肉好きで、おいしいお肉と美しいファイヤーを追求している。

株式会社NGU　ホームページ　https://ngup.jp/

誰のため？ 何のため？ 介護職が知っておきたい「ほんとうの自立支援」がわかる本

2023年9月30日　発行

著　者　山出貴宏
発行者　荘村明彦
発行所　中央法規出版株式会社
〒110-0016
東京都台東区台東3-29-1 中央法規ビル
TEL 03-6387-3196
https://www.chuohoki.co.jp/

装丁デザイン　大悟法淳一（ごぼうデザイン事務所）
本文デザイン　武田理沙、山本菜美、櫻井七彩（ごぼうデザイン事務所）
イラスト　ひらのんさ
印刷・製本　株式会社ルナテック

定価はカバーに表示してあります。
ISBN978-4-8058-8952-7

本書のコピー、スキャン、デジタル化等の無断複製は、著作権法上での例外を除き禁じられています。また、本書を代行業者等の第三者に依頼してコピー、スキャン、デジタル化することは、たとえ個人や家庭内での利用であっても著作権法違反です。
落丁本・乱丁本はお取り替えいたします。

本書の内容に関するご質問については、下記URLから「お問い合わせフォーム」にご入力いただきますようお願いいたします。
https://www.chuohoki.co.jp/contact/